全媒体时代的视听研究写作攻略

闫伟 著

中国广播影视出版社

图书在版编目（CIP）数据

全媒体时代的视听研究写作攻略 / 闫伟著 . -- 北京：中国广播影视出版社，2023.10
ISBN 978-7-5043-9082-0

Ⅰ . ①全… Ⅱ . ①闫… Ⅲ . ①视听传播－写作 Ⅳ . ① G206.2

中国国家版本馆 CIP 数据核字（2023）第 147234 号

全媒体时代的视听研究写作攻略
闫伟 著

责任编辑 许珊珊
责任校对 张 哲
装帧设计 嘉信一丁

出版发行 中国广播影视出版社
电 话 010-86093580 010-86093583
社 址 北京市西城区真武庙二条9号
邮 编 100045
网 址 www.crtp.com.cn
电子信箱 crtp8@sina.com

经 销 全国各地新华书店
印 刷 河北鑫兆源印刷有限公司

开 本 889毫米×1194毫米 1/32
字 数 80（千）字
印 张 5.25
版 次 2023年10月第1版 2023年10月第1次印刷

书 号 ISBN 978-7-5043-9082-0
定 价 29.80元

目录

前言

理论和实践总是密不可分的。在“大视听”已经势不可当地走入社会纵深的时候，相应的理论建设也必然实现迭代，崭新的“视听研究”必将成为相关研究领域中的主潮与主脉。这不仅意味着研究重心的一种转移，更意味着研究理念的一次转型。研究者在保有学术初心和研究功底的前提下，明晰并顺应时代之势、行业之势，其研究成果才会适应新境、焕生价值，哪怕仅成为烛照行业、社会和人心的一缕微光也足慰平生，“为天地立心，为生民立命，为往圣继绝学，为万世开太平”，从古至今都是中国文人的最高理想。这就是当今时代此领域研究的变与不变。

凡做成一件事，都需要道和术两者兼备，无道则无方向，无术则难抵达。对于研究而言，道是解决研究价值、立场和理念是什么的问题，术是解决如何掌握研究方法与技巧、如何更好论证和表达观点的问题。我总觉得研究者要时常自问一些带有终极性的问题，比如，自己究竟为什么从事研究活动？某个选题对于社会和人本身到底有没有用、有多大用？这样的灵魂发问一定有助于在埋头研究中看看天、读读心，把很多方面的本质搞得更明白。内心澄澈以后，就要充分认识到“表达即抵达”的道理，因为不同人做同一件事的效果差距，很多时候缘于方法和路径的差异，论文写作尤其如此。这就是这本小册子想要着重阐明的观点和内容。

在《中国电视》杂志从事编辑工作的十年间，我正好亲身经历了视听行业以及整个传媒生态的发展变革，几乎每天都在接触这个领域来自四面八方的最新研究成果，因而不免常常产生对于视听研究这样或那样的切身感触，并越来越有不吐不快之感。当逐渐觉得各种面向研究者的讲座、分享、交流、互动仍然意犹未尽之时，便产生了进行系统性总结阐发的心理冲动：一来可以集中回答很多研究者的共性困惑；二来能够倾泻式地释放一下近些年的体会和思考；三来也是对自己十年编辑工作的一个郑重交代。这就是您眼前这本小册子的撰写初衷。

在构思和撰写的过程中，我尽力避免晦涩的学术话语，本着问题意识和实用导向，选取了不少我工作中遇到的颇具代表性的真实案例，用轻松的方式来聊研究和写作的话题。如果能与志同道合者产生某些思想共鸣，对读者产生点滴借鉴作用，便善莫大焉。同时，其间舛误之处也敬请各位不吝指正！

PART ONE 选题定什么：角度和视野是一门学问

名不正则言不顺，言不顺则事不成。“名正”需要有一个好由头。对于研究而言，不夸张地说，有个好选题就已经成功了一半，遗憾的是，很多研究者苦于找不到或找不准。其实，好选题遍地都是，要想获取也并非难事，只不过一要遵从“兴趣”这个最好的老师，二要有一双善于发现的眼睛，三还要掌握一些开掘的技巧。

热点该怎么“蹭”

平时在和作者的交流中，最常听到的一个问题就是："能不能告诉我近期的研究热点是什么？"这本应是一个具有前沿思维和时效意识的好问题，却时常透着一股急功近利的味道。什么热门就赶紧扑上去，趁热打铁，仓促上马，只为挤上那趟通往"发表"的快车。因此，当某项重要政策措施出台的时候，当某部热播作品播完的时候，当每年春晚结束的时候，当某类节目异军突起的时候，当某个概念被炒热的时候，便是这类蹭热点类论文趋之若鹜的时候。近些年，关于脱贫攻坚题材视听作品，关于电视剧《觉醒年代》《人世间》，关于各种文化类节目、慢综艺、"她"题材，关于"元宇宙""算法"等的选题，都出现过此"盛况"。

这种紧跟潮流的做法貌似容易抢得机会，实则潜藏很大风险。首先，大量重复的选题，即便各自角度有所差异，也会引发编辑的审美疲劳乃至逆反心理；其次，多人选择同一研究对象，事实上是一种"同题共答"模式，这最容易在比较中看出研究水平的高低优劣，因而也无形中平添了自己的竞争压力；最后，面对紧张的杂志版面和在某一领域内力求多元化的刊物定位，此举也无形中增加了自己的机会成本。

那么，热点究竟能不能蹭？当然能，关键是如何蹭。拒绝盲目，是此中要义。着手之前，可以先扪心自问三个问题：第一，这是不是你的研究兴趣所在？第二，这在不在你的研究能力范围内？第三，你有没有区别于惯常视角的新角度？如果都是肯定的回答，便可以撸起袖子大干一场了。

说到“热点”，很多研究者第一时间想到的是，让选题思路的方向去贴合近一阶段的方针政策、热门话题、新闻事件等。这是有敏感度的思维，但在实践过程中常常埋有隐患——用“蹭热点”来“蹭发表”，往往适得其反。如果只是批了一件“高大上”或者充满诱惑力的“外衣”而内在缺少硬货，最终会成了只会唬人的“标题党”，或者沦为“皮厚馅小”的劣质品。毕竟，“外强中干”是研究的大忌。

成功的秘诀，在于兴趣。“不疯魔，不成活”，就是这个道理。在我日常工作的接触中，有时候感动于那种“一根筋”类型的研究者：其成果不一定特别高产，但共性特征是，在很长一个时期内的所有论文，都是定力十足地围绕某一个话题或领域来展开的。最终，这种持续深耕式的研究，往往既在纵深性方面可圈可点，综合起来看又会形成此方面的系列化成果，达到比较理想的研究成效。这就是研究者的“浓烈兴趣”在起着决定性作用。

例如，有位研究者专注于“互动剧”的研究，从2015—2022年，先后撰写并发表了《试析移动互联网背景下新媒体剧的叙事变化与价值指向》《媒介技术视角下的互动剧特征研究》《融合文化视角下互动剧的受众研究》《当前互动剧的问题及发展策略研究》等多篇论文；还有位研究者对“作品的网络舆论生态”感兴趣，几年内先后产出了《我国真人秀节目的网络舆论场分析》《电视剧网络舆论场的聚合效应探析》《电视剧社群化传播的运行机制及其影响研究》等多篇论文。这些成果力图用差异化的视角维度让同一研究对象呈现出“横看成岭侧成峰”的效果，且由于是"走心"之作，文章品质都居于上乘。这种"矢志不渝"也令作者在该研究领域逐渐有了一定的话语权。当其学术影响力足够大时，让自己的"研究兴趣"转化为"学界热点"，也是完全有可能的。

如前所述，就视听创作和传播领域而言，最常见的"热点"恐怕就是层出不穷的那些热播剧、热播节目了。这就涉及这些研究对象如何选择的问题。从作品本身的角度来看，"热"有很多种，"热起来"的原因也不一而足，有靠内容品质驱动的，有靠创新亮点驱动的，也有靠商业炒作驱动的……个中真正具有研究价值的其实并不多，这就需要闹哄哄背后的冷眼旁观了。只有那些由于高妙境界、匠心精制、创新巧思使作品达到"出圈"效果的个案，才有资格被纳入研究视野（如果专门考察作品的商业运作等，就是另外一回事了）。近些年，剧集领域的《山海情》《人世间》《长安十二时辰》等，综艺领域的《典籍里的中国》、河南卫视"中国节目"系列文化类节目、《朗读者》等，纪录片领域的《舌尖上的中国》等便悉属此类。

当然，如果用批判的视角来介入热点的话，就是另外一种选题逻辑了。需要找到那些蕴含着某种已知弊端或潜在危害的问题或现象，并且，一方面这种危害在某种范围内具有普遍性；另一方面这种危害有相当部分人可能并未清楚意识到。例如，在一篇论文《表征辨析与价值反思：播音主持艺术新现象透视》中，研究者对于近年兴起的热门“AI 主播”进行了理性思考：

一方面，AI 主播存有劳动异化的可能性，即逐步取代视听内容的生产者与传播者的专业属性，让技术成为主宰，让人类成为附庸，间接破坏了播音主持创作的人文性与仪式性……另一方面，情感性是艺术作品的本质与内核，这是作为机器的 AI 主播无法拥有的属性，也是作为人类的播音员主持人与生俱来的自觉与优势。

在谈论文艺作品创作的时候，我们经常提及“找准选题，讲好故事，拍出精品”的原则，其实对于做研究来说，“找准选题”也是首要的。因为很多情况下，“走对方向”比“怎么走”更加重要。特别是研究“热点”纷繁复杂、瞬息万变的视听行当，研究者一定要冷静头脑、擦亮双眼，选准最适合自己、最值得寄托心血的那方良土。

试试“小切口深打井”

在选题时，空泛、空洞、大而无当、虚头巴脑的现象是最常见的，对于研究的质量而言也是最致命的。有些论文的选题，常常让人感觉是一套系列丛书或者一个重大课题的研究对象。由于很多研究者还不具备驾驭这样选题的能力或资源，且一般学术杂志也不可能给予如此大的版面篇幅，因此文章就只能呈现为浮于浅表、蜻蜓点水式的概说。比如我见到过的这样一些题目：《当下我国视听艺术的发展路径》《论中国电视剧的艺术特征》《谈媒介融合环境下电视综艺节目的传播现状》《国产动画片的对外传播研究》，对于杂志论文来说便是过于宏大的选题。

创作大多讲究“小人物大主题”，研究则需讲究“小切口深打井”。只有切口足够小，才能最大限度地避免与其他选题重复，才能具有“深、实、透”的可能性。

其实，这个“小”既有“通幽径口”之意，又有“精准落点”之意。陶渊明的《桃花源记》有言：“林尽水源，便得一山，山有小口，仿佛若有光。便舍船，从口入。初极狭，才通人。复行数十步，豁然开朗。”找选题，就是要用心找到这样的发光之口，循光而入，探幽前行，便终会抵达山明水秀的豁然之境。

我曾经向一位影视研究专家约过一篇当时的热播剧《大江大河》的剧评，十几天后我拿到稿子，一下就被标题吸引住了——《从宋运萍之死说开去——电视剧〈大江大河〉观感》，因为这个情节段落恰好也是我在观剧时印象极深的，紧接着读下去，一步步不断广博，一层层不断深刻。文章从这样一个转瞬即逝的偶然性戏剧桥段，分析到其蕴藉的逻辑必然性，进而引申到改革开放时代原点的纯美意味象征，乃至文艺创作中一种独特的“浪淘式史观”和死而永生的美学辩证法。可谓在细小处“致广大而尽精微”。

我还曾收到过一篇只看题目便趣味十足的来稿——《解读美国情景喜剧〈生活大爆炸〉中“笑”的内涵》，作者同样找到了一个“小而美”的选题切口，通过对这部热播美剧中笑点的设置、笑点与剧情的关系等进行深入分析，来探讨情景喜剧中“笑的哲学”。特别是从中生发出对于 Nerds（在英语口语中，可直译为“书呆子”）这一社会群体的关注，并对其精神世界和现实境遇进行了一系列反思。可以说，文章以剧中各式各样的“笑”为视点，向我们打开了一扇洞观海外社会和异域文化之窗。

打井是需要准确定位的，因为并不是从任何一个点打下去都有水。其实，确定打井位置的方法并不简单，据有经验的人说，有时候甚至要通过综合考察当地的地理环境乃至四季变化来判断。可见这是一项门槛儿很高的复杂性、系统性工作。研究选题的切口找寻，同样如此。

首先，应该是未知点。这指的是“需要研究”的问题。在选择研究方向时，别人走过的路没必要重蹈覆辙（除非有信心和能力比前人走得更远、更实），未知之路才孕育着无尽的可能性，才充满着意想不到的独特风景。未知必然隐含着风险，但“无限风光在险峰”。几年前，有一位作者对当时还未被学界重视的“游戏改编类电视剧”很感兴趣，但由于此方面可供参考的研究资料很少，因而一度想要知难而退。我则一再鼓励他听从内心的召唤，加把油啃下这块硬骨头。最终，经过他广泛收集中外的相关作品文本和研究成果，再加上自身的不懈钻研和创新思考，终于把“游戏改编类电视剧”这个点晕染开来，诞生了一篇在该领域具有开拓性意义的学术论文。

其次，应该是价值点。这指的是“值得研究”的问题。所谓研究价值，即是否有助于实践发展和理论建设，这在确定选题时当具有一票否决权。需要提醒大家，哪怕具有点滴真正的助益，也可以说是有价值的。曾有一位年轻的作者敏锐地注意到高新技术对于动画创作的影响，这个点貌似平淡，但该作者论述的重心是“技术对动画产生副作用的反思”。其认为，基于VR技术和CG技术，动画创作者们虽可创作出无限逼近真实世界的动画作品，但这种“超真实”的仿真奇观阻断了观众的情感投射，使观众对动画产生认知和审美上的裂隙。这可促使创作者和研究者们重新深入思考夸张、拟人化等动画的本体性问题，此论文的价值也就不言而喻了。

最后，应该是潜力点。这指的是“能够研究”的问题。一个真正好的选题，应当具有能够被“深度挖掘”乃至“持续开发”的潜质。就像打井，如果打到一半就由于地质条件等因素打不下去了，那无疑是当初“选位置”的失败。研究选题的认定也确实需要心明眼亮，能够把选题所蕴含的各种研究潜能看得清晰透彻，当然这需要经验的积累和内功的修炼。几年前，有位作者通过观察和思考找到了“短视频创作与乡村建设的关系”这样一个研究突破点。首先，乡村振兴是近些年关系国计民生的国家重大发展战略；其次，短视频成了近年公认的高影响力、高渗透性的媒介形式，且发展态势难以阻挡；最后，乡村题材短视频也愈发成为热门创作和传播现象，有着宽广的发展空间。因此，作者不仅围绕此话题连续产出了多篇研究论文，而且该选题的后续生命力依然坚挺。诚然，具有创新性地去开发各种潜能，难度是可想而知的；但在研究的道路上，最艰难的路才是捷径。要相信，突破难点就是亮点。

勇于“剜烂苹果”

有了切中时弊的批评，行业发展才能持续向好。所以，研究者要像鲁迅所说的那样，勇于做“剜烂苹果”的工作，“把烂的剜掉，把好的留下来吃”。在我们的视听研究领域，如果一点批评精神都没有，到处都是表扬和自我表扬、吹捧和自我吹捧、造势和自我造势，那就不是真正的学术研究了，研究者的良心和骨气就丢了。

找到真问题——敢于并善于批评——提出可行性路径，这一连串的操作，着实需要眼光、勇气、功力和智慧。不必说一以贯之，把其中某一方面落到实处就已颇为难得。聚焦到选题层面，若想找到值得批评的“真现象”和“真问题”，担当意识、尖锐视角和反思精神就显得十分重要了。

良药苦口，“衷”言逆耳。虽然真话往往难听，但是面对发展迅猛而又鱼龙混杂的多样化视听创作发展图景，研究领域迫切需要建立一种敢于批评并善于批评的长效机制与舆论常态。严羽在《沧浪诗话》中这样表述自己的评论态度：“故予不自量度，辄定诗之宗旨，且借禅以为喻，推原汉魏以来，而截然谓当以盛唐为法，虽获罪于世之君子，不辞也。”“虽千万人吾往矣”，选择论题时正是需要有如此追求真理的初心和逆流而上的勇气。

在我从事编辑工作的过程中，有一位研究者的研究成果给我留下深刻印象。其专注于我国播音主持行业的发展，且每一次研究都有着浓厚的问题意识。从字里行间看得出，作者旨在通过指出问题、分析问题、解决问题的方式，来有效推动行业的健康持续发展。首篇《电视真人秀节目主持人的角色弱化与身份重构》，指出在泛娱乐的背景下，真人秀的本质属性与市场现状导致主持人角色出现了不同形式和程度的弱化表现；第二篇《智媒时代播音主持艺术的创作嬗变与价值考究——以 AI 合成主播为例》，认为主观能动性缺失，凸显了情感状态空洞、语言沟通失效的技术壁垒；第三篇《表征辨析与价值反思：播音主持艺术新现象透视》，以网络直播、耳朵经济等热点现象作为分析支点，探讨了行业在价值形塑方面的可修正空间。几篇论文均紧跟播音主持行业的最新发展动向，有的放矢、敢说真话，用心用力在行业发展中扮演啄木鸟的角色。

既然要“剜烂苹果”，就得先看清楚烂在哪里、弄明白烂得多深，才好准确下刀。也就是说，要先找到症结所在，才好对症下药。这便是选题上的研判功夫，必须对行业有着深度认知和精确把脉。

近些年，农村题材电视剧中的经典之作不多，且整体而言社会渗透力和影响力不及前些年。这虽已成公认的事实，但很少有人能从独到视角挖掘出其深层原因，尤其是从创作本身的维度。直到有一篇论文的选题让我眼前一亮——《农村题材电视剧“群众”形象的塑造与“农民”主体性建构》，文章开头便一针见血地指出，当下农村剧创作存在的一个突出问题是，“群众”作为不可或缺的人物形象，经常成为创作中被忽视的角色。进而较为精辟地论述道：

农村题材剧中对于农民所思所想的表达，大多局限在农民个人利益的得失上，往往忽略了农民群众作为现实的历史的人，他们还是有精神需求的主体。

这种一竿子插到内核本质的语言，让人立刻就将思维延展到农村剧遭遇发展瓶颈的本体深因，不论对业界还是学界都具有很强的启发性。

批评性选题最忌两点：一是泛泛而谈，无关痛痒；二是吹毛求疵，哗众取宠。

我平时常常碰到一种“二无”式选题——一点也

没错，一点也没用。把已经公认或耳熟能详的现象、问题、对策再重说一遍，既缺乏个性化眼光，也没提出有参考价值的新思路、新办法，此种批评说到底是并未深入研究对象肌理的人云亦云，没有多少实际价值。

为了吸引眼球，不惜无限放大一个小缺陷，甚至无端上纲上线，为了批评而批评，同样不可取。有些作者为了搏“出圈”，喜欢用“良心学者”的标签伪装自己，假扮行业卫道士的角色，其实不过是危言耸听、故意制造紧张空气，把“批评”作为标榜自我、哗众取宠的工具。

如果对批评性选题再要求得高一点，就是要“有破有立”，不仅能准确指出问题所在，还能提出可行建议。有真知灼见，也有管用实招儿。这往往是在选题阶段就应具备的视野和格局，胸中有韬略才能笔下有乾坤。

2021 年，针对流量至上、“饭圈”乱象、违法失德等文娱领域出现的问题，中宣部印发了《关于开展文娱领域综合治理工作的通知》。对此，我向一位作者约了一篇关于反思“粉丝文化”的研究文章。一段时间后，我便收到了其发来的题为《粉丝文化与网络IP改编剧：基于社会实践理论的思考》的一篇高质量论文。之所以说质量高，很大程度上在于，其开篇便在痛陈“饭圈”弊病的基础上，鲜明提出了独到且靠谱的治病方案：

网络IP改编剧作为大众文娱产品，在改编的进程中如何平衡与粉丝文化之间的矛盾、如何正确引导粉丝来避免充满纷争的过度营销，并通过整体运营使其价值最大化，是从业者亟待思考与解决的问题。

在接下来的行文中，作者依循此方向徐徐展开，为切实改善此问题提供了立足于业界层面的有益思考，同时也对文娱领域综合治理的有效开展有一定的借鉴价值。这便是“破中有立”较为典型的例证，也彰显了作者负责任的研究态度。

相信“理越辩越明”

2021年，一部引发热烈社会反响的电视剧《觉醒年代》，瞬间把我们带入了百年前的热血沸腾与诗意隽永。喜欢该剧的人一定还记得剧中时时可见的“神仙打架”场景。当年的北大校园里，个性解放，思想激荡，“争”“鸣”铿锵，每一场论辩都闪耀着思想的光芒、刻印着真理的脚步。还有那一次次动人的鞠躬礼昭示着：我誓死反对你的观点，但我衷心尊重你的人格和发言权。

鼓不敲不响，理不辩不明。质疑精神和争鸣意识，本就是学术研究与生俱来的思想基因，尤其在选题阶段，更是我们应有的思维底色。

科学发展史上以质疑精神著称的经典案例自不待言。什么是质疑？就是质疑者经过一定思考后，指出他认为理论中可能存在的错误。胡适先生曾讲，“做学问要在不疑处有疑，待人要在有疑处不疑”，“大胆假设，小心求证”。这两句精辟之语，至今仍常被引用。

文本数量庞大、类型领域多元、观点见解各异的视听研究领域，在质疑和争鸣中去粗取精、去伪存真，淘洗淬炼出真知灼见，就尤其凸显其价值和意义了。当然，更多的时候并不是非黑即白、你死我活的“决斗”，而是在就某一问题、某一理念见仁见智的讨论辨析中，让我们把研究对象看得更加清晰、悟得更加透彻，这本身就意义非凡。

从2009年的一篇论文《动画纪录片：一种值得关注的纪录片类型》开始，该领域的研究者在《中国电视》杂志上进行了长达6年之久的关于“动画纪录片”的论辩。这在很大程度上源于此文的作者提出的一个新判断：

由于人们习惯于把动画等同于动画艺术，所以会不假思索地认为：艺术是虚构的，动画也理所当然是虚构的。这其实是对动画的一种思维偏见（误区）。事实上，动画作为一种言说方式，不仅能用于虚构，而且也能用于纪实。以往我们只侧重开发了动画在艺术虚构方面的潜力，往往将动画的应用止步于艺术虚构，从而在某种程度上遮蔽了动画在纪实方面的潜能……无论从可能性还是现实性看，纪录片都能够采用动画为形式。

对此，另一位研究者在杂志上发表了《动画可以成为纪录片吗？》，针锋相对地与上文在学理层面上进行了商榷。文中认为：

从原则上来说，不可能存在一种动画纪录片，这有悖于电影自身的分类，尽管我们经常可以看到“剧情纪录片”或“纪实故事片”之类的说法，但这些影片的类型归属依然泾渭分明，并不会发生混乱。动画和纪录片的关系也是同样，动画作为手段在纪录片中出现早已司空见惯，并不稀罕。但是让人为的动画形式彻底取代仿真的影像形式，则需要一种非常特别的边界条件，仅在科学、历史题材范围内的纪录片才有可能超越一般的原则。

此后，多位研究者“下场”参与了对这个问题的讨论，《也谈动画纪录片：真实在什么前提下可以被保证》《再谈动画不能成为纪录片》《动画纪录片有史吗》《素材的要义——也谈“动画纪录片”的合法性》《数字技术能使动画变成纪录片吗》等一系列讨论和争鸣见诸杂志。即便最终也难成定论，但其一方面让这一当时的前沿话题成为受到学界关注的热点；另一方面，经过这番“掰开揉碎式”的观察、透视、研磨、激辩，“参与者”以及“旁观者”自然都对这一概念有了深刻洞悉。

那么，质疑和争鸣的思想动能源自哪里？独立思考。什么是独立思考？就是不能像毛毛虫一样闷头跟着爬，而是要对任何既有学术成果都要问一个“为什么”，想一想是否合乎实际、是否真有道理，而不是盲从。“尽信书不如无书。”在研究中只有保持足够的主体性，才不会轻易被别人的观点“裹挟着走”“带节奏”，选题和论述时自然便会“立定精神”，有主见地批驳他人论点、表达自身见解，甚至在这种你来我往、唇枪舌剑的互动过程里，构建起自己的“学术气场”。

“世上怕就怕‘认真’二字。”有很多好的研究选题就是在较真儿中、碰撞中摸出来的、磨出来的。记得在参加一次学术活动时，有位博士生报告了自己几年来一直在做的一个研究课题，是关于对“故事世界”的多元开发，即如何以大 IP 的概念和视角，把“元故事”更加充分地孵化为各类文化产品。现场有多位研究者对该话题表现出浓厚兴趣，当然也不乏对其合理性、可能性和科学性的质疑之声，甚至在一些关键环节上进行了深入探究，也有人在弥合文化差异、打通载体转换、寻求政策支持等方面给予其一些方向性的研究建议。汇聚并思考了多方观点之后，我与这位博士生又进行了进一步交流，最终为其量身打造出“‘故事世界’如何赋能视听作品的创意与创造”这样一个适合于学术杂志的论文选题。选题敲定的瞬间，一种“双向奔赴”之感油然而生。

当然，学术争鸣是客观理性、就事论事的，不应夹杂任何个人利益与主观情绪。在我收到的一些辩论性来稿中，也经常有情绪激烈、出言不逊甚至充满人身攻击的现象，从而让正常的交流和讨论变了味儿。这便脱离了学术研究的正轨，也丧失了作为研究者的基本素养和尊严。

跨个界也许别有洞天

我们日常说的“跨界”究竟是什么？本质上就是整合、融合，通过自身资源的某一特性与其他貌似不相干的资源进行搭配应用，来放大各自资源的价值，甚至还可以重新糅合成一个完整的独立体。对于确立选题而言，跨界实质上是一种创新思维，即在表面上没有交集的两个或多个领域，在某种条件或假设下找到连接点，进而展开深剖细思，开辟一条豁然开朗或探微索幽的研究路径。

朱清时先生曾写过一篇引起轩然大波的文章——《物理学步入禅境——缘起性空》，文章以霍金的一次名为《宇宙的起源》的演讲切入，进而讲到所谓当代自然科学的新成就——弦论，之后与佛学相联系。其中有这样的论述：

在弦论之前，物质的实在性体现在组成客观世界的砖块是上百种原子，这些原子都是由质子、中子和电子等基本粒子组成。这些基本粒子都被当作是物质实体，都是组成物质世界的“超级砖块”，因而可以把物质世界看作是物质实体。在弦论之中，情况发生了根本变化。过去认为是组成客观世界的砖块的基本粒子，现在都是宇宙弦上的各种“音符”。多种多样的物质世界，真的成了“一切有为法，如梦幻泡影，如露亦如电，应作如是观”(《金刚经》)。物理学到此已进入了“自性本空”的境界……你可能感到：“科学家千辛万苦爬到山顶时，佛学大师已经在此等候多时了！”

该文在观点上产生了很多争议。但如果暂时抛开其科学性和合理性不谈，这种大开大合式的跨界研究，毕竟让我们眼界大开、脑洞大开，这也为视听领域的选题方向和研究思路带来启迪。如果说这样的跨界听起来还有些过于深玄的话，下面的跨界研究就更加直观了：

斯坦福大学心理学家马克·莱博（Mark R. Lepper）和他的学生们曾在超市做了一个实验：当摊位上摆放了 24 种果酱时，大约有 60% 的人驻足；而当只陈列 6 种果酱时，仅有 40% 的人会停留。然而，根据最终购买的数据来看，摆放 24 种果酱时，只有 3% 的人付费，而当陈列 6 种果酱时，则有 30% 的人付费。研究证明，人的心理因素会影响经济行为，上面的实验就说明了“选择悖论”，这就是心理学与经济学跨界研究的有意思案例。

平时，经常听到有研究者抱怨，在视听研究的某个领域中，研究对象和研究角度已经被取之殆尽了，再想找到未被开垦的处女地，真是难上加难。其实，在视听创作领域面临着同样的瓶颈，也在不断用跨界的方式寻找着破解路径。如谍战类型和青春元素交融出的电视剧《麻雀》《叛逆者》、综艺和戏剧混搭出的文化类节目《国宝档案》《典籍里的中国》、纪实性和虚构性结合出的纪录片《中国》《王阳明》等，都收获了较好的社会反响。同样，如果研究者能够把自身的知识结构和其他专业或领域做一下“碰撞”或“浑融”，也许就会发现有价值的新课题、望见有意思的新景观。

曾有研究者在杂志上发表了一篇题为《美食类纪

录片："厚古薄今"之弊及对策探析》的论文，该文旨在以学科跨界的视角，运用食品学、营养学、生态学等理论工具，对某部已产生品牌效应的美食类纪录片进行重新打量与反思：

（该纪录片）由于缺乏动物学、生态学方面的专业人士把关，因此播出后引发了相关的争议。从生态保护的角度来说，跳跳鱼匍匐于泥滩上，觅食底栖硅藻、蓝绿藻和有机质等，具有净化水质的生态功能（因为湖泊、海湾等水体中的藻类及其他浮游生物如果迅速繁殖，会导致水体溶氧量下降，从而使得鱼类及其他生物大量死亡，水质恶化）。而跳跳鱼如果某一天因为被过度捕捞而灭绝了，就意味着附近水体失去了"清道夫"，污染难以避免。从健康的角度来讲，某些有毒的野生鱼品种外形与跳跳鱼类似，有人因为误食而中毒；此外，跳跳鱼如果食用了海水中有毒的藻类，也会在体内积累毒素，从而导致食客中毒，甚至会有生命危险。因此，在美食纪录片中传播捕食跳跳鱼的内容存在诸多问题。

可见，这部纪录片作品无论在文化内涵、视听呈现、细节打造等创作层面是如何的可圈可点，但从其他学科角度来观照，无疑有着某种潜在的误导性。这篇论文以跨界思维，为同题材纪录片创作敲响了警钟。

需要注意的是，跨界研究需要跨得“必要”、跨到“点儿”上。经常看到有研究者为了凸显视角的新颖，蹩脚地操着不熟悉的理论工具，来进行捉襟见肘的分析。其实，这种新视角的选取并不一定适合所研究的对象，本来就难以在逻辑和因果关系上自圆其说，遑论产生学术反响了，因而跨界只跨了个“尴尬”、跨了个“寂寞”。还有一类研究者，为了显示理论工具运用的娴熟，把本就篇幅不长的研究文本当作多种理论武器的“演练场”，结果每个向度都是蜻蜓点水、浅尝辄止，貌似跨了很多界，实则一个也没跨出去。真正的跨界，或者能够从新的角度看到不一样的甚至具有颠覆性的情形，或者能够找到彼此在深层肌理层面的契合点、共振点、连接点，并能产生真正的价值，而非用来装点学术皮相的涂脂抹粉。

PART TWO 要害在哪里：绷紧“全媒体”这根弦儿

“文章合为时而著”。在当下做视听研究，无论如何都避不开媒介融合的大背景、大生态、大趋势，否则便是闹市掩耳、自欺欺人。其实，非但不能忽略，还要把“全媒体”作为视听研究一种基本的立场、视角、思维、元素乃至内化为一种潜意识。否则，你的研究不仅难“出圈”，而且很可能会“出局”。

研究也面临挑战和机遇

视听新媒体的横空出世与强势发展，给传统媒体带来严峻挑战的同时，也给传媒研究带来相应的挑战。

其一，内容形态更新了。与早年的电视剧、电视文艺节目、电视纪录片、电视晚会相比，当下的受众尤其是“网生代”更青睐于网剧、网综、网络大电影、短视频、微视频等。

其二，行业业态更新了。媒介融合的持续深入，重构着视听行业发展格局。短视频跨界深度融合，视频直播潜力巨大，中视频成为新的竞争领域，长视频日趋成熟和规范，等等。

其三，媒介生态更新了。现在已经不是只能窝在客厅沙发里手持遥控器“看电视”的年代了，如今的视听媒体可谓“无处不在、无时不有”，移动化、碎片化成为接收常态。我们常说的“全媒体”，就是实现任何人、任何时间、任何地点乃至以任何终端获得任何想要的信息。

面对研究对象所经历的并正在经历着的翻天覆地的变化，研究者是否已经准备好了？需要理论准备，更需要实践准备。首要的是有一个“拥抱新事物”的积极心态，然后便要深入了解这一领域的环节要素、运作模式以及内在逻辑规律。知行一体。要研究它，必须先认识它，不然就不是真研究。而且有时候，功夫就在“认识”上。

我在编辑关于媒介融合选题的来稿中，有很多一看便知是没有经过调查研究、不了解真实情况的“外行话”，也有一些是长期习惯于传统广播电视研究的“想当然”，理论价值和实用价值都不大。研究新事物是有门槛儿的，想要真正跨入新的研究领域，需要抱有学习的心态和钻研的精神。这对于很多研究者而言，意味着要勇敢走出“舒适圈”，当然，这在很多时候是比较痛苦的。

其实，从网络媒体开始崛起至今，一直有研究者从不同方面在探究互联网的本质属性和传播规律，给我印象较深的是前些年一篇题为《解析网络综艺节目中的“网感”》的文章，在大家普遍对网络媒体还知之未深之时，其着力于从四个方面辨明网综中的“网感”究竟是什么。在这里不妨占用一些篇幅将其核心观点罗列一下：

内容方面：尽管与电视综艺相比，网络综艺的尺度相对较大，但制造年轻用户感兴趣、能参与的话题并不是要靠“秀下限、无节操”来吸引眼球、博取点击。圈粉年轻用户还是要在年轻用户诉求和体验上下功夫。把年轻用户感兴趣的元素注入节目中，就是网络综艺所谓“网感”的一个具体体现。

形式方面：网络综艺网感的另一体现就在于其“形散神不散”。网络综艺的形式与传统的电视综艺相比，更为灵活多变，往往不按套路出牌，不需要中规中矩的舞台，也不需要刻意按部就班地遵照节目台本去编排，而是将所有外在形式的要求和规范统统打破打散。嘉宾人物可以畅所欲言、随机应变，节目更像是一场直播，显得更为润物细无声。

人物方面：对于旨在凸显网感的网络综艺而言，邀请的嘉宾是否是圈内重量级一线明星大咖并不是一个必要条件。实际上，网络综艺所邀请的嘉宾能否彻底放下偶像包袱，是否具有自娱自乐精神等，显得更为重要，成为具有网感的网络综艺节目选角的重要标准。

宗旨方面：在很多人的印象里，网络综艺似乎“非污不可”。但实际上，网络综艺槽点、热点、笑点、泪点都要有，尺度自由灵活之下，一样可以传递正能量。网络综艺“蹭热点”的最重要原因也是基于此，网络综艺往往更加看重网感外衣之下的情感厚度，看这个热点是否能够升华出更为深刻的生活哲理，引人深思。

这样的论述便是在“懂行”的基础上，谈得较为鞭辟入里的。研究者找准了一些该领域里关键性的根节儿和支点，论述得有立场、有深度，针对一些创作者和研究者都感到较为模糊、迷惑的地带进行了定性与辨析，对相关创作生产具有启发和引导作用。

与此同时，相对于传统媒体，新媒体有着更强的草根性、参与性和互动性，也给相关研究带来某种便利和机遇。比如，有一种研究方法——网络民族志。传统民族志以现实的、具体的区域为研究对象，研究者通过亲身进入某一实地或社区开展田野调查；网络民族志则以虚拟社区（或网络社区）为研究场域和对象。具体而言，包括基于互联网平台对研究对象进行观察，对帖子、表情符号、音频、视频等媒介符号进行分析，以及利用电子邮件、社交软件等网络工具与社区成员进行交流、访谈等，以获得所需资料。在我收到的论文投稿中，经常有通过此种沉浸式方法展开调查研究的，其中不少文章既生动鲜活，又深具说服力。

实话实说，与发展迅猛的视听行业相比，研究领域总体而言还不能与之相匹配，带有较明显的滞后性，且对于实践的作用力较为疲软。在全媒体环境下，视听研究其实大有可为：代表着某种趋势的新型剧集形态、节目样式，传统广播电视节目在新媒介生态下的创新传播，媒介融合倒逼带来的创作生产模式的根本性变革，新的受众参与和接受方式给行业带来的深度影响，等等，都可以纳入研究视野。面对这座蕴藏丰硕的选题富矿，研究者只要带着一双“善于发现的眼睛”徜徉其间，并深扎其中精耕细作，定会有意想不到的收获。

关键是“思维转型”

帕斯卡在《沉思录》中写道：“人，只不过是一根芦苇，是自然界中最柔弱的东西，但他却有思维。”思维是行动的先导。研究作为一种行动，亦如此。面对新环境、新形态带来的新要求，打破长期以来形成的且带有巨大惯性的思维定式，往往是很困难的，需要刀刃向内、自我革新，才能实现蜕变和新生。

具体到我们所谈的研究领域，关键是完成从传统“广电”思维到新型“视听”思维的嬗变。当然，并非是说广播电视已经没有研究的必要，而是越来越需要运用“大视听”“全媒体”的理念与立场，来观照广播电视和网络视听的创作传播与融合发展。作为研究者，万万不能身子进入了融合时代，而脑子还禁锢在传统思维的樊笼里。

一说到电视节目创作，传统的研究思维大致总逃不过电视媒体视域中节目的策划、立意、表达、制作等环节，但在全媒体视角下则有新的天地。例如，前些年曾收到一篇题为《全媒体时代电视医疗健康节目的类型研究》的论文，文中主动利用全媒体的崭新视角观照了传统的电视医疗类节目创作：

将电视媒体同互联网媒体进行融合，将电视节目资源与互联网同类信息进行关键词检索共享，则能够从媒介逆向搜索渠道中获取对某一受众群体精准而有价值的节目信息。网台之间的节目资源以及其他相关信息资源，需要在未来的节目传播过程中建立共享平台，尤其是对于电视医疗健康节目来说，解决某一健康隐患群体的及时需求，是其存在的最大意义。在解决这一需求的过程中，权威的电视节目资源、网络的文献信息资源以及就医导航资源等，都需要同时在最短的时间内建立共享平台，这是未来电视医疗节目在生活中被具体应用的良好开端。

在当时看来，作者用了一种近乎颠覆式的思维结构，对多年来面临创新困局的健康类节目进行了全新透视。这样一来，传统电视节目的创新基因一下就被激活了，发展格局一下就打开了。这便是积极利用全媒体思维来开掘研究路径的方式方法，给人豁然开朗、柳暗花明之感。

一说到电视剧创作，传统的研究思维无非是作品的选题创意、思想主题、人物塑造、情节编织以及相关制作方面的考量。但如果在新的媒介环境下与时俱进，可能就会有另一番景象。如有研究者在《电视剧多时空交叉叙事结构研究》一文中，便关注到了新媒介生态助推电视剧叙事结构创新的问题，对创作实践颇有启发：

媒介生态的变化给电视剧结构的突破带来可能。过去，电视媒介是电视剧传播的主要渠道，但是如今多媒体技术的应用让传播媒介更为丰富。由于新媒体播放使得观赏不再是不可逆的行为，电视剧播出的即时性被视频进度条所打破。创作者不用受制于简单、易懂的叙事模式，而有更多的发挥空间。如今，环形结构（如《开端》）、多视角结构（如《无罪之最》）

作品在网络剧中的出现，提示着我们连续剧的表现形式有着更广阔的发展前景。而对于观众而言，他们可以更加自由地选择媒体平台收看电视剧，并随意掌握播出时长和播放速度，这一定程度上取消了集与集的断裂，为观众理解线性结果之外的其他结果，提供了有效的助力。

新的媒介生态的出现，其实改变的不仅是电视剧创作表象，更是电视剧的某些深层艺术属性与传播特质。如果不紧跟时代的步伐，那么被淘汰的除了创作者和作品，还有研究者及其所谓的研究成果。在不可阻挡的滔滔时代洪流里，我们的研究也如逆水行舟，不进则退。

人们常说世界上有两件事最难：一是把别人的钱装进自己的口袋，二是把自己的思想装进别人的脑袋。可见，改变一个人的思维，是世上最难的事情之一。原因在于，思维是环境的产物，虽然思维会随环境的改变而改变，但终究具有某种滞后性和阻碍性。况且，人都有惰性，思维方式固化也是惰性使然，毕竟不费力地去看待和思考万事万物总是让人舒适的，因此，战胜自身的惰性对于绝大多数人来说充满挑战性。

虽然很难，但对于当今的视听研究而言，除去思维转型这条路，其他都是死路。在日常的编辑工作中，我经常收到一些研究者自鸣得意的研究成果，仍然运用老旧的思维方式、理论套路来研究最新的行业现象和问题，明显感觉到了思维和行文中的捉襟见肘乃至尴尬的违和感。更可怕的是，这些研究由于理念、视角和方法没有与时俱进，对业界和学界发展几乎毫无用处，只不过是在自说自话、自娱自乐罢了，本质上是对外部和自我均无价值的双重损耗，这样的事情真的越少越好。

面对新事物要“胆大心细”

日新月异的高新技术和媒介生态变化，似乎让视听行业的发展“一切皆有可能”，其间既有更迭与嬗变，更有颠覆与重构。未来若干年的行业景象，恐怕谁也没有十足的把握对其精准描绘。《旧唐书·孙思邈传》有言：“胆欲大而心欲小，智欲圆而行欲方。”海阔天空想、脚踏实地干，是我们研究新事物应有的态度。

几年前，我曾收到一篇名为《全媒体传播环境下的电视剧创作及其转型》的文章，由于其中的一些创新想法而对其印象深刻。例如，作者在文中谈到了关于“建立以编剧为主、用户为辅的社交场域创作共享平台”的设想：

搭建编剧与用户相统一的电视内容创作的准共享模式，首先可以生成一个用户对电视剧创作内容反馈信息的社交平台富信息池，如电视剧的制作方独立开发属于该电视剧内容的 App，其中包括电视剧的视频、音频和文字等信息，甚至可以在以电视剧为主体开发手游的同时一并开发出关于电视剧的专有 App，其中也包含了强大的社交平台。电视剧制作方利用全媒体平台的优势对该软件进行全方位的推广，将散落在各种媒介和平台下的受众向该聚合型社交平台进行引流，以聚集电视剧的核心受众群，搭建起一个可分享观点、提出意见、受众之间参与互动的社交场域，形成基于兴趣而存在的在线社群，弥补传统电视剧制作方与受众的沟通断层。在平台中，编剧作为富信息池的管理者将用户的有价值信息进行快速整理，糅合在电视剧内容创作中，拉近与用户距离，增强黏性，体现出电视剧制作方的人文关怀意识，而平台的建立将用户信息资源有效整合后实现电视剧的精准营销，这是社群经济发展的表现。

当时，看到这样基于媒介融合而产生的“胆大”设想，顿觉眼前一亮。即便是科学性、严密性、可行性等还有待进一步论证与检验，但比那些四平八稳、老生常谈、隔靴搔痒、套话连篇的研究，不知要好上多少倍。

接下来，在说“心细”之前，先给大家分享一个有趣的故事：

有位医学院的教授，在上课的第一天对他的学生说：“当医生，最要紧的就是胆大心细！”说完，他便将一只手指伸进桌上的一杯尿液里，再把手指放进自己的嘴中。然后，又将那杯尿液递给学生。看着每个学生都忍着呕吐，照样把探入尿杯的手指塞进嘴里，教授笑了笑说：“不错，你们每个人都够胆大，只可惜不够心细，没有注意我探入尿杯的是食指，而放进嘴里的却是中指啊！”

相信在场的每一个学生都会终身记住“心细”的重要性。在研究领域，“心细”除了指要万分注意各种细节，其实还有“小心求证”的意思、思虑精细，缜密谨慎。在观看优质的谍战、探案题材剧时，环环相扣的逻辑推演、步步为营的情节铺展，不仅常常让我们在心灵的历险中大呼过瘾，也可以让我们对传奇叙事的合理性产生信服，因为这本身便是尊重观众智商的做法。作为同样拥有固定受众的研究论文，文章的创意和建构也是如此。故事有主题，论文有论点；故事用真实而跌宕的情节设计来彰显主题，论文用严密而深刻的推理思辨来证明论点。

平日里，我有时会欣喜地看到研究者运用层层深入的“剥洋葱”式的方法，在全媒体视角下来深入论证自己的创新想法。例如，在一篇题为《主流视听媒体虚拟数字人应用创新与优化策略》的论文中，作者为了最后提出主流视听媒体中虚拟数字人的几点优化策略，前文从多方面做了“准备”和“铺垫”：首先进行了概念厘定——何为“虚拟数字人”，接着对技术层面的支撑做了解析——人工智能驱动数字人升级迭代，而后对全球传媒行业在此方面的应用进行了简要阐述。从理论到实践、从技术到应用，都展开了可行性论证之后，最终才水到渠成地引出了该文想要提出的对于虚拟数字人的几方面优化路径。“有备而来”的结构，显示出作者所运用的较有说服力的说理方式，是依循人们对新事物、新观点的认知规律，即尊重受众智商的一种思维理念和表达方法。

“胆大”和“心细”，二者是辩证统一的关系。没有“胆大”的“心细”，注定拘囿于琐屑和封闭，无光明前途可言；没有“心细”的“胆大”，只能是“志大而才疏”，失之于好高骛远乃至无稽空想。媒介深度融合的新环境，为我们提供了充满想象力的视域场，但理论研究毕竟不同于天马行空地拍科幻片（况且科幻片也需要一定的科学性和合理性作为虚构的基础），只有精确把控、“摸着石头”小心行进，才有可能抵达真理的彼岸。在这一探险的过程中，勇气和心智缺一不可。

边界越模糊，思路越要清楚

前些年有一首红遍大街小巷的流行歌曲：“雾里看花，水中望月，你能分辨这变幻莫测的世界？涛走云飞，花开花谢，你能把握这摇曳多姿的季节……借我借我一双慧眼吧，让我把这纷扰看个清清楚楚、明明白白、真真切切……”世间有很多现象，尤其是刚刚产生和出现的时候，经常让我们摸不着头脑、看不清其本质和规律。所以才需要一双“慧眼”，在众声喧哗中有所定见，在乱云飞渡中认清方向。

随着全媒体进程的不断加速和深化，视听领域中不同种类、业态的作品和产品，其既有的边界越来越模糊了，电视剧和网络剧、电视综艺和网络综艺、电视纪录片和网络纪录片……之前理所当然的分野，现在愈发变得含混了。以“剧”为例，当学界和业界已经不太好将之区分开来的时候，干脆就叫作“剧集”，或者“全媒体剧”，而我倒是觉得叫“屏剧”似乎来得更直观形象些。因为，无论怎样融合、观看载体如何变化，其终究是通过各种各样的大屏小屏（电视、电脑、平板、手机等）来呈现与被赏的戏剧形式。除此之外，剧集、综艺、纪录片之间的边界也在互渗，很多观众调侃“现在的纪录片越来越像电视剧了”。

研究对象的边界模糊了，但研究者的思维恰应更加清楚。以其昏昏而使人昭昭，是绝对行不通的。有些研究者便适时地关注到这些发展趋势，并进行了有声有色的论述。

如，探讨“剧综融合”的《跨界联动与形态融合：全媒体时代综艺节目的创新发展路径》认为：

全媒体时代，影视艺术呈现出媒介互鉴、跨界联动、形态交融的发展态势。就综艺领域而言，从着眼于IP开发的“剧综联动”，到融汇戏剧元素的“剧式表达”，再到运用影视剧编创思维和制作手段的“剧式综艺”，综艺节目正在通过与电影、电视剧、戏剧等诸多艺术门类的联动和融合，寻求创新发展，在竞争激烈的文娱市场中保持自身优势。

如，思考纪录片融合发展的《媒介融合背景下纪录片的跨界研究》认为：

媒介融合时代孕育了“融合文化”，“融合文化”也给纪录片创作带来新思路。动画、戏剧等艺术形态的引入让纪录片获得了更加灵活多样的表现手法，满足了受众的多种感官体验以及信息接受需求，迎合了融媒体时代受众的接受习惯，体现出鲜明的跨类型纪录片的特征以及杂糅美学的风格。

再如，前些年反思媒介融合对电视剧类型化创作影响的《近年来媒介融合环境对电视剧网络剧制播营销的影响与反思》认为：

当媒介生态发生巨变时，对电视剧类型施加的影响会加大，类型的变化也会更明显……必然促发传统电视剧创作制作主动调整策略，向依赖网络的年轻观众群体的审美偏好大幅倾斜，电视剧类型因此出现了题材内容的偏移、表现重心的改变、类型杂糅等多种变化，也强化了一些创作症结，如主旋律题材剧口碑与收视倒挂、都市情感剧精神格局整体比较狭小等问题。

全媒体环境下视听创作的边界融合，作为一种显著且不可阻挡的行业现象和趋势，是客观存在的。其对于行业健康高质量发展的利与弊，有待研究者以清醒的头脑、冷静的思维进行理性思辨。

传统电视媒体与网络平台不断深度融合所产生的化学反应，还会生成一些新的作品形态和类型，也是值得研究者及时关注并做出相应思考和价值判断的。例如，近些年，篇幅在 10 集左右、每集时长一般在 40—60 分钟的短剧在一段时间内成为一种热门行业现象，有些作品获得了不错的口碑，甚至成为“爆款”或“准爆款”。这类剧从生产方式上大致分为两类：一是由相关管理部门主导推动的主题性创作。为了服务主题主线宣传，需要在各类资源整合配置的基础上生产出短、平、快的主旋律作品。二是在市场中孕育生长的商品性创作。其在三观正确的前提下，最大化地追求话题效应和市场效益，其中的成熟作品一般故事集中紧凑，强情节、节奏快、干货多，有审美追求的还能制作出充满意境的影像和电影大片的画风，视听效果上乘。

面对在媒介融合背景下产生出的这一“新现象”，有研究者指出，近些年看似异军突起的“短剧”，其实并不是“新鲜玩意儿”，在国产剧历史上早已有之。20 世纪八九十年代，中国电视剧便按照篇幅划分为：长篇电视剧（9 集以上，含 9 集）、中篇电视剧（3—8 集）、短篇电视剧（1—2 集）。《武松》（8 集，1983 年）、《南行记》（6 集，1990 年）、《围城》（10 集，1990 年）、《过把瘾》（8 集，1994 年）等，都可谓当时的“精品短剧”。因此，从某种角度而言，全媒体生态下兴起的短剧热更可看作“大众在审美趣味上的集体回归”。

也有研究者直言不讳地指出当下的短剧距离真正的精品化还存在一定差距：首先是题材和风格的高度同质化，有影响的一些短剧基本还集中在悬疑探案领域，风格也大体囿于冷峻、粗粝、紧张、刺激。其次是剧本的文学性还有待加强，大多作品戏剧性强而文学性弱、观感上佳却无味道可咂摸。最后是阴暗化的倾向值得警惕，不少悬疑类短剧为了吸睛而选择打擦边球，走在道德和伦理的边缘，故意放大社会黑暗面和人性之恶。

之所以拿短剧现象及相关研究作为例子，并不是因为所列举的观点绝对正确，而是旨在说明，面对不同生态、不同场域孕育出的新事物、新现象，应保有关注的热情、敏锐的眼光，最重要的，还要有客观冷静的头脑。

理性看待“高新技术”

电视从诞生的那一天开始，便天然有着“艺术 + 技术”的属性，二者犹如电视行业的双翼，让丰富多彩的各类节目“飞入寻常百姓家”，直到发展至今全媒体格局中的视听行业，技术所发挥的作用更加举足轻重了。因此，当下的视听研究，绝不可忽视高新技术对于创作和传播的赋能力量，当然也得始终保有对技术本身的理性反思。

随着5G、人工智能、AI、AR、VR、区块链、元宇宙等的发展，视听行业对于高新技术的依赖度越来越高，而且技术的作用力已经渗透到行业的方方面面。研究者的任务，就是用理论的视角来透视技术已经、正在或将要给行业带来的影响，以及做出相应判断、寻找相应对策。在我与一些作者的沟通交流中，曾有一位年轻学者表示出对“技术如何影响受众接收”问题的浓厚兴趣，我一听便是切中要害并值得深掘的好选题，于是便鼓励其开展下去。最终成文的《流媒体视听技术语境下的“观看”变革》，果然没有令人失望，文章一方面阐释观看方式、观看技术和观看生态的变化，另一方面考察观看技术模式的重构，对这一问题思考和论述得有见地且很通透。其中也不乏精彩之语：

数字化的发展伴生出强调自由和多元的原子化（atomized）社会，观看实践从过去的集体经验转化为更凸显异质性的个体主张。流媒体视听技术的崛起和应用，在此过程中扮演了重要角色。“流播”的技术逻辑将受众观看的能动性置于一个极高的位置上，受众不再仅仅是“受影像规训的接受者”，而成为“个性化内容的生产者”，这样的变化亦对观看实践带来生态化的影响……观看技术的重构，使得以往单一、线性的观看方式转向更趋多元、融合的路径。在这一过程中，技术成为驱动受众由“观看者”向“参与者”乃至“生产者”转型的关键因素。

“技术向”的研究某种程度上更加注重前瞻性，需要合理分析在新技术的作用下，未来视听行业的可能性变化乃至全新前景。以很长一段时间以来的热门话题“元宇宙”为例，有研究者将“元宇宙”背景下视听内容或将呈现的新特征归纳为以下方面：一是沉浸式体验。“元宇宙”将搭建一个虚拟数字化空间，用户能够突破时空界限，获得对于视听作品中环境的接触与感知，甚至拥有味觉、嗅觉、触觉等全感知体验，还可变身为视听内容中的主角，从而产生深度沉浸感。二是虚拟式呈现。“元宇宙”对现实世界进行虚拟复制，将其再创造为数字世界，从而实现虚拟与现实的共生。目前的三维孪生环境、虚拟演播室、虚拟人等均在此方面做出尝试。三是交互式叙事。“元宇宙”中用户可以与作品中的人物进行交谈、互动，也可以基于自身立场或偏好，对这个虚拟世界产生影响，改变或创造新的内容。四是定制式内容。“元宇宙”背景下，能够通过对心理、生理、时空、情境、社交关系等数据的收集，与强大的云计算结合，实现对用户的立体化画像，进而实现对于内容的个性化定制。五是社交式联结。“元宇宙”中的视听内容将具有更强的社交属性，为用户提供全新的社交场景，加强用户之间的社交联结。当然，以上的分析还有待未来实践的验证，但此种“合理化想象”在研究中无疑值得鼓励。

同时也应警惕，若视听创作生产者一味沉浸于技术创新带来的快感和收益，很可能会忽视最本质的作品“内容”，长此以往，技术凌驾于内容的本末倒置，容易让技术产生出反噬性，使创作失去灵魂和温度，沦为技术的附庸。技术越是重要，就越要警惕研究领域滋生出的“技术中心主义”或“技术决定论”观点。在一篇名为《理念、实践及其文化反思：技术驱动下的剧集生产创新》的论文中，作者便针对技术对剧集生产的影响做了尖锐的反思：

技术并非一种中立的社会力量。更值得注意的是，受到艺术“包装”后的技术，其背后交织的权力关系和伦理风险或将变得更为隐秘。例如，近年来有不少剧集经历“抠图”“换脸”风波，也即通过技术手段为剧集创作的“偷工减料”创造机会，引发巨大争议。这一方面造成了对剧集市场的破坏式生产，不利于行业的良性发展；另一方面，包括（演员）身体主权和作品版权等在内的乱象问题值得进一步加以反思——技术究竟是在解放创作还是异化创作？当然，也因为技术的非中立性，任何一个阶段的剧集创作都可能伴生出相应的“新问题”。这就要求创作者审慎对待和使用技术，使剧集创作浸润于技术进步的滋养中而非尽然受到技术的控制。

无论如何，技术正以超乎人类想象的速度迭代发展。全媒体时代的视听生产与创新，技术作为一种构造性的力量在其中扮演着至关重要的角色。对于新技术的关注和思考，是视听研究的一项长久课题。但愿在我们的共同努力之下，能够让技术在行业发展中生发出更大的原生动能和更多的人文光辉。

PART THREE 误区怎样防：警惕研究中的沉疴痼疾

所谓“沉疴痼疾”，是指久治不愈的病，或喻指长期养成而不易改变的坏习惯。在长久以来的视听研究领域（也许还可以拓展到更加广泛的研究领域），也存在着一些相当顽固的共性问题，成为制约研究质量的瓶颈。其归纳起来，一曰空，二曰旧，三曰浅，四曰乱，五曰粗。

“言之无物”有很多款式

空泛、空洞、言之无物，是研究中常见的问题之一，对最终的研究质量也是最致命的。这种问题在表现形式上又可细分为以下几种类型：

一是丛书课题式。常常表现为选题过于宏大或宽泛，最后只能在大而无当的视野下讲一些原则性的套话、空话，距离真正的学术研究差得很远。这一问题在本书第一部分谈“小切口深打井”时已有所阐述，这里就不再赘言。

二是教材课件式。即通篇以介绍性、普及性内容为主，一看文章框架，很像是编教材或者做课件。典型表现为系统介绍某一方面的“知识点”，如，几乎该领域内人所共知的某一类型作品的历史分期、艺术特征、类型划分等，大多流于泛泛之谈，并没有独家发现。这样的文本如果用于知识传播是可以的，但作为学术研究则价值较低。如我曾收到过一篇研究春晚的论文，其大致框架是这样的：

“春晚”渊源回溯

春晚滥觞：电影纪录片《春节大联欢》

春晚娱乐“基因”：电视文艺晚会《笑的晚会》

春晚序曲：1978—1982 年的几场迎新春文艺晚会

春晚诞生的标志：1983 年央视《春节联欢晚会》

从这些标题中不难发现，文中内容基本可在“电视艺术史”方面的教材中找到，缺少学术研究所必备的“问题”和“观点”，因而最多只能作为非专业人士了解本领域相关情况和知识的普及性文字资料。

三是演讲口号式。有些研究之所以可看作是“伪研究”，在于其中充斥着大量绝对正确的口号式、公理式、格言式语言，念着顺口、听着振奋，其实在高度原则性的话语里并没有多少学术含量。当然，此类语言并非绝对不能用于文中，但应注意的是，首先不应通篇大量使用，其次不应“为了使用而使用”，最后不应“拉大旗作虎皮”。要时刻提醒自己：论据必须要为论证观点而服务。为了更加直观地说明这一问题，举一个比较典型的例子——以下这段话出自对某部电视剧的个案研究：

“文化反思是文化自觉的前提，也是文化综合创新的基础。每一时代的文化都是围绕时代主题通过文化反思而实现更新创造。”……（此处省略一长串原文中所引用的宏观理论话语）中华优秀传统文化是一座精神富矿，不仅铸就了历史的辉煌，而且在今天依然充满着智慧的力量。中华优秀传统文化中，讲仁爱、重民本、守诚信、崇正义、尚和合、求大同的价值追求，有利于促进国家之间、人与人之间的和谐相处，对当代世界的发展也有着重要意义。

单看这一大段论述，丝毫看不出作者所研究的那部电视剧作品的影子，甚至与电视剧这种艺术形态都没有关联。

很多问题，如果要寻得根本性解决之道，需要回到“原点”和“初心”。是与非、对与错，有时候在互文性对比下才更加清楚，明确了“应该怎样”，自然也就知道了“不该怎样”。究竟学术研究是什么，学术研究的目的是什么？一般认为，学术研究是指在实证精神、理性精神指引下，用科学方法进行探索，以获得新的知识、理论以及对其应用的行为。其目的一般是研究者为了解决某一问题——无论是理论提出的问题还是实践提出的问题。因而，其也注定和“概览”“普及”“励志型鸡汤”等有着本质性区别。

“言之有物”一词最早出自《周易·家人》：“君子以言有物，而行有恒。”时至今日，其大概是指文章或讲话的内容具体而充实。那么，在视听研究上所应做到的“言之有物”，这个“物”到底指的是什么？所谓“具体”是和“笼统”相对的，“充实”是和“虚空”相对的。视听研究，要落在地上，要找准标的，要透彻分析，要解决问题，要实一点、再实一点。“空谈误国，实干兴邦”，我们不妨就从自己所从事的研究中，一点一滴做起。

有一种旧叫“相对的旧”

“旧”的问题，在研究领域同样存在已久且相当普遍。对于视听行业这个飞速发展的实践领域而言，在研究方面的滞后与守旧更加要不得。平常在研究中看到的“旧”，大概有以下几类：

其一是选题旧。表现为老生常谈，把之前已经被研究得比较充分的陈旧话题再拿来讨论，却并没有新见解、新发现。别人嚼过的馍，肯定是没味道的。学术研究从来就不欢迎“明日黄花”。这有时候是错误选题理念导致的，有时候是视域受限造成的，研究者需要具有较强的文献检索、爬梳与分析能力，能够清楚地知晓哪些问题是研究过的、哪些是未被开发的。

其二是观点旧。有些观点和判断是已经被学界和业界所公认的。比如，“传统电视剧和电视节目在全媒体环境下流失了大量年轻观众”“现实题材不等于现实主义”“媒介融合是大势所趋”“优秀传统文化应在作品中得到继承和弘扬”等，如果我们在研究中再耗费大量篇幅去论证其正确性，即便谈得头头是道，也没有什么新意。

其三是材料旧。有些研究，虽然关注的是新现象、新问题，也致力于做出最新的结论和判断，但论据中的案例是很久以前的，当下早已时过境迁，或者试图用多年前的统计数据来佐证新的观点，严格来说，这都是不合理、不科学甚至于不能与结论之间建立因果联系的。有时候，看似无关大局的所谓“材料旧了点”，恰恰是导致立论崩塌的致命一环。

在视听研究方面，如果说以上列举的均可称为“绝对的旧”，那么，还有一种比较隐蔽的“相对的旧”。视听行业的发展正在呈加速度态势推进，不但业态多、热点密，而且周期短、迭代快，很多所谓的热播作品、热门现象、热点话题都是“转瞬即逝”的。在这样的背景下，只要滞后于如此发展速度的研究，就表现为“相对的旧”。当其他研究者快速反应甚至打出提前量的情况下，如果稍晚些“下场”，就很容易被无情淘汰了，这是由该领域研究对象的性质所决定的。特别是喜欢“追热点”的研究者，对此要引起充分注意。

近年，一些“现象级”电视剧的热播，让很多研究者对其产生了浓厚的研究兴趣，因而在这些作品热播期间，会收到大量与之相关的理论评论文章。作为编辑，自然会第一时间从中择取佳作来优先发表。但往往越到后来，越会为一些研究者感到遗憾——很多论文即使品质上乘，也再难见刊了。因为其已经错过了发表的最佳时机，随着研究对象社会热度的渐弱，杂志的主题策划只能转移至其他方面了。

当然，面对这一矛盾和困境，也并非无计可破，那便是发掘出对某一热点研究的“长尾效应”。近两年，文化类综艺节目持续火爆，一时间，探讨其创作经验、成功因素、文化与社会价值的研究成果纷至沓来，到后来一度也有“泛滥成灾”之势。然而，同样是关注这一现象，有的研究者则用锐利眼光来另辟蹊径，反思文化类综艺节目在持续收获口碑的背面，所出现的过度类型化、同质化的问题，让人耳目一新。如有一篇论文题目便开宗明义——《融媒体语境下文化类节目同质化困局再现与突围》，文中首先将同质化的表现归纳为三方面：题材与内容同质化，原创能力不足；形式与模式同质化，综合表现能力不足；舞美风格与场景设置同质化，技术创新能力不足。而后分析了其成因：媒体和平台面临更激烈的市场竞争而受商业利益的驱使；工具理性与价值理性的冲突；地方媒体与中小网络平台融合转型能力的不足。最后在探索突围路径中讲到：

一方面，文化类节目类型本身需要进一步拓宽，我国优秀传统文化可供挖掘的领域有很多，其涉及的内容和范围相当广泛，除了汉字、诗词、历史文化知识等文学领域，还有建筑、服饰、古籍、乐器、风俗等领域都有巨大的挖掘空间。文化类节目应该放宽视野、拓展思路，挖掘不同文化元素适合的展示方式，形成内容丰富的原创类型，而不仅仅局限于目前较受欢迎的节目类型。另一方面，不同层级、不同样态媒体的文化类节目需从理念、形式、场景多方面挖掘个性化特征。在节目形态上，可以尝试突破访谈、朗诵、脱口秀等形式，打破摄影棚或演播室的局限，大胆开拓综艺秀、户外真人秀等表现形式，让嘉宾在生活化的模式下探寻中国传统美食文化、手艺文化或追寻各种古迹遗址，让受众以更生活化的视角体验传统文化的博大精深。

这样的“操作”，既关注了广受瞩目的行业现象，又用充满深度和新意的精到论述，让文章有了别样的价值，可谓有效延长了“热点”的研究保鲜期，成为“破旧立新”的有力尝试。

还是要带点“学术味儿”

我们一直都在提倡“深入浅出”，思想和内容要深刻，而表现形式要浅显易懂。对学术论文这种文体来说，应努力在保证文体属性的前提下，尽力做到表达上的平易近人，其实这是一种不易达到的境界。切不可将其理解偏了，一味去追求没有足够内涵的浅显和随性，那就陷入“误把天真当个性”的尴尬境地了。视听研究中，在此方面便有些共性的现象值得警惕：

比如，浅层的介绍性内容过多。有些研究者充满“生怕别人看不懂”的潜在心理，因此研究中存在很多“ABC 式”专业入门知识的介绍性内容，如不厌其烦地详细解释什么是“5W”、什么是“IP”、什么是“媒介即讯息”、什么是“大女主剧”、什么是“国外引进节目模式”，等等。作为专业内相对基础性的概念、关键词等，行文中用简要的一两句话概述也未尝不可，确无必要郑重其事、条分缕析、长篇累牍地去介绍和解释。因为你论文的受众，99% 应该是对其耳熟能详的。

比如，缺乏学理性和思辨性。这便是通常我们所说的比较“水”、比较“白”、比较寡淡，没有学术气质，仅停留在刻板的就事论事、干瘪的经验总结等。当然，这可能不是一蹴而就能解决的问题，大多跟研究者的理论素养、学术积累和研究功底有关，唯有通过不断地多看、多思、多练才能逐步改善提升。曾看到过一篇探讨反腐剧的论文，其结构框架是这样的：

谈反腐题材电视剧的创作现状和未来走向

一、反腐题材电视剧的主要特点

1. 聚焦现实热点　反映人民意愿

2. 塑造反腐形象　弘扬社会正义

3. 融合警匪元素　演绎曲折剧情

二、反腐题材电视剧的创作误区

1. 情节套路化

2. 人物简单化

3. 细节失真化

4. 拍摄快餐化

三、反腐题材电视剧的未来走向

1. 反映心路历程

2. 挖掘腐败根源

3. 追求艺术创新

标题的归纳在形式上很工整，但作为论文来讲，很显然有失之浅陋之嫌。一来，如果把“反腐剧”置换为其他什么类型的剧，再调换个别标题的字眼，也照样适用，这便成了“大路货”“万金油”，归根结底，是没有深入这一类型作品的内在肌理与创作逻辑造成的；二来，这些标题的语言基本还是工作总结式的表达，而几乎没有“学术味道”可言，简单来说，还不是特别像一篇具有研究性质的“论文”。

再比如，行文表达过于随意。尤其是一些针对某一作品的所谓个案研究，表现出散文性的、随感性的、抒情性的浓重气质，学术感和学理性很弱，与其称为论文，不如说是观后感，这样的“任性挥洒”在学术研究中是要不得的。我们可以看看下面从某篇论文中截取的一段：

过去看电视剧，对于我们在职场拼杀的年轻人来说是一种奢侈，总认为是那些有闲人的专利。偶尔听到引起热议的电视剧，才会从网上下载或买来光碟，利用长假宅在家里“一气呵成”看完，也免去了电视台播出时不断插播广告的烦恼。由于工作的缘故，促使我关注电视剧的过程中时不时冒出一些想法，在此要将这些不成熟的想法与大家分享……

从这段文字中可以看出，其实作者谈到了新的媒介环境下电视剧的新型传播方式和受众接受模式的问题，然而，或是因其未对理论认知与研究挖掘产生自觉意识，或是因其缺乏对学术表达的基础训练，最终只能沦为随感性的“日记体”，和学术研究的基本要求相距甚远。

如何提升研究的学术性？这是很多研究者都感兴趣的问题。在我看来，“勤学”和“苦练”缺一不可。在和很多年轻作者交流时，发现他们普遍都比较重视“输入性积累”，无论是读经典著作、读高质量论文，还是听报告、听讲座，大都不遗余力。尤其是不少刚入门不久的年轻研究者，经常表示出困惑：为什么在这些方面都非常努力了，但科研生产能力还是提高得非常缓慢？问题出在“输出性训练”在绝大多数人身上还没有养成习惯。我们都知道“不下水永远学不会游泳”的道理，不动笔也永远学不会写论文。

例如，对于某一种理论工具，“弄懂了”和“会用了”是相隔十万八千里的两码事。听和读只能解决前者，若想得心应手地将其应用于自己的论文写作中，则必然要经过反复实践——写。“天下事有难易乎？为之，则难者亦易矣；不为，则易者亦难矣。”即便刚开始的时候写作水平距离自己的理想还很远，但不要紧，抱着“先完成后完美”的心态勇敢“试水”，毕竟“不入虎穴，焉得虎子”。慢慢地，当你将此养成一种行为习惯，真正做到了以练带学、知行一体，便在学术攀登的道路上大体找对方向了。

注意文中的“隐蔽之乱”

文章的结构，即文章内部的组织和构造，是解决文章“言之有序”问题的。刘勰的《文心雕龙·附会》中有一段精辟的话：“何谓‘附会’？谓总文理，统首尾，定与夺，合涯际，弥纶一篇，使杂而不越者也。若筑室之须基构，裁衣之待缝缉矣。夫才量学文，宜正体制……凡大体文章，类多枝派；整派者依源，理枝者循干。是以附辞会义，务总纲领；驱万涂于同归，贞百虑于一致。使众理虽繁，而无倒置之乖；群言虽多，而无棼丝之乱。”

此段大意是说：写文章要综合全篇的条理，使文章首尾连贯，决定写进什么和不写什么，把各部分都融合起来，组织成一个整体，做到内容虽复杂，但层次还是很清楚。这就好比建筑房屋必须注意基础和结构、做衣服也少不了缝纫的工作一样。有才华的青年学习写作，应该端正文章的体制……一般而言，文章像树木有枝叶、江河有支流似的；整理支流的必须依照江河的主流，整理枝叶的必须遵循树木的主干。所以，在写作上整理的文辞和内容，也应该提纲挈领，把许多不同的途径都会合成一条道路，把各种不同的思绪都统一起来，使内容虽丰富而不会次序颠倒，文辞虽繁多而不会纷如乱丝。

如果把写论文看作广义上的“做文章”，那么研究者掌握一些文章学的知识，懂得一些谋篇布局是很必要的。因为在研究文本中，内容和形式上的混乱，不但直接影响论证的严密性和科学性，也会大大拉低论文的可读性。而这种“乱”，有时候是显而易见的，有时候则是带有隐蔽性的。

第一种叫作逻辑紊乱。根据人们认知事物的普遍规律，一般来说，研究论文要按照一定的逻辑线索来架构，比如“提出问题—分析问题—解决问题”，再比如“是什么—为什么—怎么办”。但是有些研究文本呈现出来后，表现为段落与段落、部分与部分之间缺乏基本的逻辑关联性，思路混乱不明晰，基本是拍脑袋的“意识流”产物，这自然会严重影响研究成果的质感与品相，毕竟大多数阅读者是没有耐心去一片芜杂中“披沙拣金”的。

第二种叫作散而无焦。从小学阶段学写作文时，老师便经常提醒“要读懂题目”“不要跑题”，但很多同学一直到了高考作文仍然会犯这样的错误，致使后果很严重。到了如今的研究写作，这依旧是伴随我们的一个显著问题。即便是逻辑关系相对松散的所谓平行式行文结构，至少也要通篇紧紧围绕某一个总论点、某部分围绕一个分论点来集中铺展开来；而不宜用过度发散的思维方式、行文方法，导致通常所说的“走偏”或者“跑题”。

第三种叫作前后矛盾。在一篇论文里，一看便知的前后观点冲突等现象，由于显而易见，这里暂且不论。需要我们警惕的是，还有一种隐蔽性较强的“乱象”，不易发觉。举个近些年比较典型的例子：某篇论文前面刚讲到“继承传统对于电视艺术创作是至关重要的”，后面紧接着又说到“对于传统的创新是电视艺术创作的重中之重”，这两种观点若分别单独拎出来，相信都可以进行充分论证，不难自圆其说，但若同时出现在一篇文章中就有自相矛盾之嫌了。

还曾看到过一篇论文，其中一部分的主题是谈某类题材电视剧的“供给侧结构性改革”，但说着说着就开始大谈“整合构建传播渠道”的问题，与主要诉诸创作生产领域的“供给侧结构性改革”其实关联度并不大，这同样是自相矛盾的一种突出表现，也是研究者经常在无意中容易走入的误区。

别在“细枝末节”上败好感

“细节决定成败”，已经成了很多人经常挂在口头上的一句话，然而往往知易行难。不同类型、不同程度的“粗糙”问题，在我所见到的论文里太常见了。绝大多数时候，这不是水平的问题、技术的问题，而是态度的问题。看似细枝末节的小瑕疵，却让整篇文章很是败好感。

其一，有内容硬伤。不少论文里，国别、年代、作品名称、人物名字等方面出现的谬误，会暴露出研究者的基本学术素养和对此文的重视程度。比如，我若干次在文中看到把电视剧“《金太狼的幸福生活》”误写为“《金太郎的幸福生活》”，把《山海情》中的人物“马得福”误写为“马德福”，甚至把麦克卢汉误归为美国国籍，等等；还经常发现，在评析某电视剧作品的过程中，忽然就变成了“该影片……”。我想，研究者在文章写就之后哪怕多读两遍，恐怕也不至于出现此类低级错误。

其二，有词句错误。这表现为各种语病、错别字、标点符号不规范等现象。最常见的是，“的、地、得”三者的用法区分不清楚，来稿中至少有一半的作者还不能正确使用，在小学阶段就应掌握的知识点至今仍是盲区，实属不该。

其三，有格式偏差。论文从标题、内容摘要、关键词，到正文，再到注释、作者简介等，共同构成了论文的一种基本格式。这要求研究者在掌握好基本学术规范的基础上，注意关注和研究所投期刊的固定格式要求，能够“投其所好”，这在很多时候也异常重要。

凡此种种，也许在作者看来并不起眼的琐碎细节，在编辑的下意识里，却是检验作者研究态度以及是否对所投刊物足够重视的“试金石”。

曾经有一个细节让我记忆犹新。在众多的研究论文中，每当论及我国电视剧创作发展历史时，很多研究者会谈到早期的一部代表性作品——“根据蒋子龙小说改编的电视剧《乔厂长上任记》”。其实这是个错误的说法，事实上，蒋子龙的原小说确实叫《乔厂长上任记》，但改编后的电视剧则名为《乔厂长上任》（下图为证）。这一字之差，我之前看到的所有文章的作者均未注意到，所以每次都帮作者改正过来。直到有一次，看到某位研究者写出了正确的剧名，自己虽与其素未谋面，却如遇知音，有种“心有戚戚焉”的快慰之感。

不轻易放过“细枝末节”，体现的是一种研究素养和处事态度。当把自己的研究成果当作是一件精益求精的艺术品，或是自己的宝贝孩子时，便会以一丝不苟的精神力争其不出纰漏、万无一失了。还是那句话，这不是水平的问题、技术的问题，说到底是态度的问题。切忌“让一粒老鼠屎坏了一锅汤”。

PART FOUR 路径如何找：通向研究彼岸的方向和技巧

人们常讲：一件事情，需要三分的苦干加七分的巧干，才能成功。是说行事时除了要吃苦耐劳，还需要用心观察分析事物的内在关系，用巧妙灵活的方法解决难题。若只知下苦功，则容易走入死胡同。我觉得，对于视听乃至更广领域的研究而言，需要特别注意处理好五种关系：论和述的关系、冷和热的关系、点和面的关系、褒和贬的关系、雅和俗的关系。

最有价值的是“独家判断”

在我看到的大量视听方面的研究成果中，“述多论少”的现象相当普遍，例如，论文中大段复述电视剧的情节、纪录片的文本等，而涉及观点提炼、价值判断、思想升华时或是一语带过而显得很薄弱，或是缺乏新意而显得很劣质。这样的论文，整体给人“注水”的感觉，浓度偏低，味道寡淡。须知，学术研究的“硬货”应是独立的、个性的、创新的观点，而不是已有事实的大批量罗列。在这里，不妨占用些篇幅让大家直观感受一下，这是一篇关于对电视剧《温州两家人》个案研究中的一段文字：

电视剧首先呈现的是主动转型的温商代表侯三寿。剧中开篇时他就有企业转型的想法，只是还没有找到企业的转型契机，而美国MGX公司通过巨资合资并购奋钧企业的计划正好为侯三寿的转型提供了大量资金，于是他想要借这一次机会推进自己的转型计划。可同为奋钧创始人，侯三寿的妻子林佳来对合资并购持反对意见，甚至将出卖奋钧股份的侯三寿赶出家门，侯三寿的转型之路受到了来自家庭的压力。同时，包括发小黄瑞诚在内的温州企业家们都坚守中国人的骨气不愿意向外国公司低头，也斥责侯三寿向MGX公司屈服的行为，骂他是引狼入室的吴三桂，打破了服装行业的平衡。面对家人与社会的压力，具有长远目光的侯三寿理性地把感情因素放在了一边……

在一篇剧评中，用这样一长段来复述情节，很显然有啰唆和冗余之感。如果为了研究方便而确需转引，大可运用简要几句话来提炼关键信息即可，如此的细致铺陈完全没有必要。当然，运用“文本细读”方法来解读作品时的台词与镜语搬引，就另当别论了。

据我所知，很多年轻研究者暗暗地存在“字不够，案例凑”的思想：在做论文的过程中，自己感觉写不出比较理想的字数，但既需要显示自己的成果“厚重”，又鉴于杂志编辑部的篇幅要求，怎么办才能“一箭双雕”呢？那就铆足了劲儿往文中植入例子来做论据吧，本来一个案例就能证明的观点，却硬要堆砌两三个甚至五六个案例。这样一来，最后呈现出的效果就只能是“形大缺骨肉、核小包装厚”了。

在论和述的关系处理上，还有一点尤须警惕：表面上论和述都有，实则两者疏离、因果关系不成立，即论据并不能充分证明论点。这种现象往往隐藏在“顺溜”的外表之下不易被察觉，但“细思极恐”。请看下面摘自某篇论文中的一段：

（二）在国际传播中彰显民族品格

电视剧的对外传播需要国际表达之下的鲜明民族特色，民族文化自信的弘扬又需要电视剧更好地“走出去”，因此，电视剧的文化自信与国际传播其实是相互倚重、相互建构，你中有我、我中有你的关系。2015 年，电视剧《琅琊榜》在国内热播后便火到了海外，原因何在？除了编剧、导演、表演、叙事、音效、剪辑、道具、场景等方面的制作水准和艺术水准都堪称“良心”外，主要缘于男主角梅长苏智斗奸佞、平反冤案、扶持明君、振兴山河、开创盛世的故事，表现了一位刚正男儿的家国情怀，得到了不同国家观众的理解乃至共鸣。

此部分想要论述的主题是，电视剧如何通过彰显民族品格来优化国际传播。这里用的是《琅琊榜》的案例，一眼看过，再约莫联想一下，似乎也顺理成章，但仔细思考则有问题。文中在论证该剧海外热播的原因时，最核心的就是那句："主要缘于男主角梅长苏智斗奸佞、平反冤案、扶持明君、振兴山河、开创盛世的故事，表现了一位刚正男儿的家国情怀。"但这真的是独具特色的"民族品格"吗？其他民族难道没有这样的人物和故事吗？显然不是，因而自然也难以论证"通过彰显民族品格来优化国际传播"的论点了。所以说，在研究过程中，不仅要避免述多论少的现象，也要谨防述论疏离的问题。

如果再对论与述的关系处理提出更高要求的话，便是通过精彩阐述来托起独家判断。"人无我有，人有我优，人优我特，人特我绝。"在一篇论文中，最有价值的莫过于既经过严密论证又不同于他者的独特观点了。在视听研究领域，有一种研究叫作基础研究，即对于该领域基础性问题的探索和探讨，需要用学术思辨能力深入挖掘一些貌似老生常谈、尽人皆知的概念、问题或现象，或者能够产生不同于以往认知经验的新发现，或者能够让人看到更深层的学理观照。多年前，我曾收到一位年轻研究者的论文《关于电视剧独特性的思考》，显然，论题便是“电视剧的独特性是什么”，这本是相关教材上一般都会开宗明义涉及的，但作者另辟蹊径来深入论述这一问题，文中在利用来自象征主义代表诗人波德莱尔的“表意森林”来分析电影和电视的差异之后，分别阐述了电视剧本质中的情感性、电视剧内部的空间性等质性问题，透射出深刻的学理思维和辩证的哲学意味，因而令人信服地阐释了自己的论题。

莫让“乱花”迷炫了双眼

我有几位很熟识的年轻作者，优点是脑子灵活，善于紧跟热点来找选题、想思路，但缺点也恰恰在此。其中一位曾经很苦恼地向我讲：感觉自己已经很勤奋了，始终关注行业的最新动向，从不放过任何一个有可能的选题角度，而且有了想法以后就付诸实践，但为什么就是出不来一篇高质量的、让自己满意的研究论文？其实这也是很多研究者存在的共性烦恼。原因只有一个：多了点浮躁，少了点定力。

前面讲到了研究中要避免各种“旧”的问题，话又说回来，也要对“求新”有正确的理解。研究中的“求新”，并不是盲目追风、仓促上马，让“乱花”迷惑了心智、迷炫了双眼。比如新播了一部有些收视热度的剧，便不问青红皂白地马上去动手写评论，这往往就成了急功近利，非但研究质量不会太高，甚至容易忙中出错。这种情况下，建议在动手研究之前先扪心自问两个问题：第一，这部作品、这种现象、这个话题，究竟是否有研究价值，有多大的研究价值；第二，其是否在自己的研究兴趣和研究能力范围内。这两方面说服自己后，再考虑开始行动。其实，这些问题多多少少在前面已经涉及过，这里不妨再深入聊一聊。

先说研究价值的问题。既然选择新的热点去研究，就必然要先看准你所选择的研究对象到底是“真新”还是“假新”。当下的很多视听作品，剧集也好，综艺也罢，在播前和播中总免不了宣推甚至是商业炒作，宣传文案里所谓的“高收视”“全网热播”乃至“万人空巷”，只是掺杂了水分的假象。如果被其蒙蔽了眼睛，误以为是真的“现象级”新创作，那便大错特错了，以此为立论依据自然就找错了方向。即便是看透了实质，将其作为批评的对象，往往其核心问题也不外乎那几个老生常谈的旧问题，如没有新的发现、新的办法，也大可不必再费周章。同样需要判断的还有“真好”或是“假好”的问题，一部作品的优劣，不是听制作机构、宣推机构如何说，而是依靠真实的社会反响以及研究者自身的专业素养来得出的。一言以蔽之，在选择研究对象的时候，研究者一定要让自己主宰自己，而不是让纷繁扰攘的外界主宰自己。我在收到的论文里经常可以看到类似的表述：

以《×××》《×××》《×××》等为代表的文

化类节目近年来蔚为大观。在此背景下，《×××》自开播以来好评如潮，观众给予了极大的赞扬，这源自该节目质量所呈现的高水准。

××年××月××日，电视剧《×××》于×××频道开播，这部聚焦×××、注重×××的剧一经播出，便在社会上产生了万人空巷的收视效果。

弘扬中国精神，凝聚中国力量，努力创作更多无愧于时代的优秀作品，是文艺工作者的使命担当。《×××》正是这样一部扎根人民、扎根生活的作品。

这样大而化之、虚头巴脑的夸赞，多数来自制作方的宣推文本。如果将其直接放置到论文中当论据，或是作为选择研究对象的直接依据，显然不妥，这不仅会误导自己的选题判断，更会影响研究成果的客观公正。

研究兴趣的重要性，由于前面已详谈过，便不赘言。下面说说研究能力的问题。除了之前说过的选题过大而把握不住，还有与自己的知识结构、既有专业向度不相匹配的尴尬。无论多么出色的研究者，也不是这个领域里全知全能的通才，总有自己相对擅长和不擅长的细分领域。在视听研究方面也不例外，如果一位长期关注视听产业的研究者，为了跟风而硬着头皮去分析某部热播作品的艺术特色，便无异于拿自己的“软肋”去对抗别人的“硬骨”，效果可想而知。光找准热点还不够，必须要有“驾驭”该热点的真本事才行，“没有金刚钻儿，就别揽瓷器活儿”。早在两千多年前，古罗马的诗人、批评家贺拉斯在讨论写作时的观点对我们现在的研究仍然有用，他认为“力所能及”是作家的主观选材标准：

从事写作的人，在选材的时候，务必选你们力所能任的题材，多多斟酌一下哪些是掮得起来的、哪些是掮不起来的。假如你选择的事件是在能力范围之内的，自然就会文辞流畅、条理分明。

在当下快节奏的生活与海量的研究实践中，对于每位研究者而言，无论是学术资源还是自身的研究精力，都是很有限的。是要盲目甚至狂热地四面进攻，还是看准一点后集中所有力量来出击？我想后者更有合力优势、更会志在必得，因而也就更有可能生产出高水准的研究成果。不贵多而贵精一。

“点”和“面”构成多维体

点面结合，本是中小学就应知晓的写作方法。但有时候越是简单质朴的道理，影响的时间就越长、范围也越广，即便是很多貌似高深的领域，问题也总是出在对这些简单道理的忽略和违背上。和很多研究领域一样，视听研究同样也要做到“有点有面”。“面”要具有概括性和提升性，“点”要具有典型性和代表性。有点无面，则显零碎；有面无点，则显空泛。点面结合的论文，才会建构起一种研究的多维空间体，才会有立体感和丰满度，自然也才有说服力和传播力。

当然，知道一种规律，和能够把这种规律用好之间，还有着很长的距离。难就难在如何做到不只是形式上的点面兼备，而是内在逻辑与肌理上的点面互融。我们分别拿不同论文里的两段话来对比一下：

1. 职业剧在情感逻辑、技术细节等方面拍出“职业范儿”是一项基本功，但以此衡量，许多国产职业剧仍出现了不应有的明显瑕疵和疏漏。《×××》开播后，就有观众吐槽演员××为剧中的人物配音时对不上口型，且发音时口腔肌肉太松弛；《×××》更在公众熟知的医疗知识方面差错不断，剧中出现了“9%生理盐水”，实际浓度应为0.9%；剧中还有“200cc血送化验”的场景，更是低级失误；《×××》中也出现了××不戴头套、口罩就解剖等不少低水准的常识性差错。这些严重的“外行”行为，损害职业的特殊规定性，也严重贬损了剧中角色的职业素质和精神面貌。职业剧的基本要求是立足行业特点，展现特定职业群体的工作生活……

2. 现实题材网络剧多以小人物为主角，也不乏边缘化人物，在人物塑造上普遍倾向于个人化表达，人物形象简单化、扁平化倾向较为明显。近年来优秀现实题材网络剧较之以往更注重塑造立体化、鲜明化的“圆形人物”，透过社会现实对人性进行深度挖掘。对人物形象的典型化塑造，较为成功的当属《×××》。该剧在人物塑造上兼具了广度与深度，呈现出厚重的现实主义质感。创作者致力于刻画典型环境中普通人身上的社会担当，既没有神化英雄人物，也没有为迎合网感对英雄角色做猎奇化处理，而是巧妙运用人物对白、行动、道具等，塑造出一批有血有肉、真实可感的人物形象。相比同类型的《×××》《×××》中英雄人物的青春化、偶像化或玄幻化设置，该剧少了离奇感，凸显了现实性……

这两段的行文中，可以说作者均注意到了点和面的结合。前者是一种中规中矩的方式，也是论文中较为常见的一种方式，但其中的点和面是泾渭分明的，略有呆板和平面之感；相比之下，后者则显得点和面比较浑融、一气呵成，对于“面”的把握较为客观辩证，对于“点”的开掘较为深入和多维、有详有略，且在语态上更显自然流畅、浑然一体。同样是点面结合，细咂摸便有高下之分。

从某种角度而言，论文是一种文体，也是连接研究者和阅读者的一种文字性介质，这种介质直接决定着研究者的思想和观点能否有效触达受众。因而，我们在建构研究文本的时候，很有必要借鉴一些文章学的理论知识。在广义的写作方法中，点面结合是一种融“整体把握”和“重点解剖”于一体的处理艺术，某种意义上也可理解为详写和略写的结合。所谓“点”，指的是对某个事物或多个事物的详细表现；所谓“面”，指的是多个事物的概括表现。“面”，可以顾及全局，体现广度；“点”，可以突出重点，体现深度。点面结合，可以既有深度又有广度地反映事物的形象状态，更充分地表现思想和观点。

那么，在具体的写作实践中，点和面之间的关系处理，又应依循什么样的原则和方法呢？刘勰在《文心雕龙》的《总术》篇中提出了“乘一总万，举要治繁”的思想，在《附会》篇中更是有精辟的论述：“若统绪失宗，辞味必乱；义脉不流，则偏枯文体。夫能悬识腠理，然后节文自会，如胶之粘木，豆之合黄矣。是以驷牡异力，而六辔如琴；并驾齐驱，而一毂统辐：驭文之法，有似于此。去留随心，修短在手；齐其步骤，总辔而已……故善附者异旨如肝胆，拙会者同音如胡越。”善做文者，胸中自有乾坤。在一种更大的格局下、更通透的视野中，做内容上的提纲挈领、删繁就简，进行点和面的统筹布局、优化配置，并构建二者之间自然而又必然的逻辑勾连，最终使得全文更加立体圆融、刚健雄辩，这便在此方面达到研究者的目的了。

爱与恨都须把握好“度”

从论文中经常可以发现，不少研究者在思维和行文中会表现出某种极端倾向。对于某部作品、某种现象、某个观点，好评的时候恨不得将其捧到天堂，差评的时候恨不得将其踩到地狱，有时候还会伴着冷嘲热讽的语气，甚至在论文中夹杂着带有人格攻击性质的词语。在正常健康的学术研究中，个性要建立在理性的基础上，进行分析和评判的时候要保持客观理性的头脑，锐气不等于偏激，更不等于讽刺与谩骂。当然，这并不是“和稀泥”的意思，而是说要在对研究对象、既有观点等进行全方位、多角度观照和分析的前提下，再表明立场和态度。请看下面在某篇分析历史剧的论文中截取的一段：

……精良的制作、不同的叙事角度传达出的丰富的审美内涵，使得历史剧成为我国电视剧类型中一个具有独特魅力和长盛不衰的品种。众所周知，中国是一个历史悠久的文明古国，在世界范围内，历史文化可以说是中国最具标识性的认知范畴。历史剧在传播中国传统文化、塑造当代中国国家形象和凝聚民族向心力等方面都有着无可替代的重要作用；在熔铸民族审美共同体、建设中国文化软实力方面，没有任何艺术形式能比历史剧更合适、更有效、更强大。

此段最后几句关于历史剧作用的判断，显然过于绝对、过度夸张了。在学术论文的表述中，类似于“……是最……的”“……有着无可替代的作用”“没有……比……更……”等武断化的句式，一般要慎之又慎地使用。往往既让所论内容站不住脚，又显得研究者不专业、不严谨。

叶嘉莹先生曾对晏殊的词有一些精到点评：“（晏殊的词）表现的是一种圆融的观照。他是一个理性的诗人。圆融者，就是有一个周遍的对于宇宙循环无尽的圆满的整体的认识。这里所说的理性，不是那种斤斤计较的理性，而是对于自己的感情有节制，有反省，有掌握的能力。晏殊的词集叫《珠玉词》，词集的名字和他词的风格实在是很配合的，真是珠圆玉润的，他不用那些锋芒陪衬。”在这里，叶先生虽然讲的是文学作品，但这种“内心情感的节制”对理论研究者而言也颇有启发。

所有的表达，都不仅仅是孤立的“表达”环节本身，在其所属的舆论场域和“内容赛道”里，浮夸的、偏激的、过度自我的表达风格，也许会短暂吸引一些好奇的眼球，但最终会拆解与受众思想和心理的通联。如果说表达是一种技术，那么节制能让每一种表达更有力量。论文的写作也是一种表达，而且是对客观、理性、真实性、科学性要求更高的一种表达。视听作品的创作，可以挥洒想象、嬉笑怒骂、凸显个性、放飞自我（艺术上的节制则另当别论），但视听研究则必须清醒理智、一丝不苟。说到这里，请看一篇名为《素材的要义——也谈“动画纪录片”的合法性》的论文的开篇部分如何表述。为了更充分地说明问题，不妨多用些篇幅：

……学术上关于“动画纪录片”的争论，近两三年来开始逐渐地热闹起来。争论的焦点主要在于是否存在“动画纪录片”。一部分论者在没有给“动画纪录片”做一定的学理界定的前提下就开始使用这个概念，有论者则在对现象的感性感受的基础上提出，“动画纪录片就是指那种以动画形式来表现、处理现实世界中非虚构人物/事件的影片类型”。根据这样的定义，我们是不是可以认为，一部影片，因为它用动画的形式，所以是动画片？因为它反映的是世界中非虚构的人物与事件，所以是纪录片？那么，接下来我们会很疑惑：是不是在某种特定的语境下，一部电影既可以是动画片，也可以是纪录片？如果是这样，那么，动画片和纪录片这两个概念就变得没有区别和界限，这对于影片类型来讲，有可能是一种革命性的颠覆，其结果却是将我们带进类型混乱的境地。因此，笔者以为，这个定义只是对一定对象的表象性概括，既不是基于一定的理论推导，也没有涉及概念的本质。

从“动画纪录片”这个概念的构成来看，应该包含“动画”与“纪录”两个部分，其实这也是电影的两大基本类型。当然，从创作的方式及材质上来讲，不同类型的电影之间会有相互借鉴的可能，这一方面是要突破各个类型的创作手法对主题表达的局限性；另一方面也在不断地扩大类型自身原有的边界，使得原有电影类型的表达方式不至于过于单一。但是，不论边界如何扩大，笔者倾向于认为，动画片还是动画片，纪录片还是纪录片，因此，从概念的构成上来看，“动画纪录片”的提法，一定会产生类型混乱的结果。当然，我们这样说的目的，并不是要否定动画与纪录两种创作手法的融合，只是从学理的层面对这个概念存在的合法性进行理性的反思……

可以感受到，这样的表达方式是尖锐而不失理性的，在对其他代表性观点进行罗列、思辨、判断之后，再鲜明提出自己的论点，且有意防止了将自身观点置于绝对化的境地。因此，无论其价值判断是否值得再商榷，这种话语方式无疑是既让人舒服又充满力量的。

“雅俗共赏”乃最高境界

前文曾谈到，研究论文呈现出来，还是要有些学术味道，以区别于其他文体。这里特别想说的是，一方面的确要注意学术语言和学术规范，但另一方面也要警惕走向另一个极端，即为了显示所谓的“学术质感”和“创新能力”，而刻意编造一些生僻的词语、营造某种高深的感觉，让人读后感到似懂非懂、云里雾里，摸不着头脑。比利时剧作家梅特林克有句名言：“一切深刻的东西，都不应是反常和奇特的。”我一直认为，最好的研究论文和优秀的艺术作品有着异曲同工之妙，都是用最通俗的表达来传递最深刻的道理。“真佛只说家常话。”当然，对于年轻研究者而言这种境界很难达到，但至少应该知道朝着什么方向出发和跋涉。即使“虽不能至”，也要“心向往之”。

我们不妨先想一想，作为视听作品主要类型的剧集的创作，实现雅俗共赏的命门在哪里？在众多的艺术属性中，故事性是剧集的第一性征。古往今来，从传奇、评书、小说、戏曲，到话剧、影视，中国百姓始终对“听故事”“看故事”的兴趣不减，如今又进入了多屏传播时代，以屏观剧的“看故事”新模式成为人们最重要的精神满足和娱乐方式之一，但所有以故事为本质内核的艺术形态其实“万变不离其宗”。剧集必须在尊重“讲故事”规律的前提下进行创作与创新，也必须在此基础上辩证把握创意与实操、内容与形式、引领与满足、历史与当下、共性与个性等诸多对立统一的关系，若打破这一事关根本的“规矩”则很难实现口碑与收视的平衡共生。那么，好故事的创作门道又在哪里？便是众所周知的寓教于事、寓教于情、寓教于乐，问题的关键就在于事该怎样讲、情该怎样生、教该怎样寓。

视听研究的道理也一样，其呈现出来的论文及其他成果方式终归是文体样态，那就应该遵循做文章的基本逻辑和规律。陆机的《文赋》中有两句话或可借鉴——“精微而朗畅”“平徹以闲雅”，大意是精辟缜密、语言流畅，平和透彻、得体适当。为了更好地说明此问题，不妨截取我所编辑过的论文《次要人物形象的美学价值——兼谈主次共生辩证法》中的几段，我们来感受一下：

在考察电视剧人物形象时，次要人物形象的美学价值也需要予以关注。这是由于这类人物形象在叙事价值及社会伦理价值上固然可能不如主要人物形象那般重要，但在美学价值上未必如此。主要人物形象常常拥有出众的光环，但有时次要人物形象也能有不逊色于主要人物形象的卓越表现力。一部能够让观众兴味浓郁的好剧，其吸引力不仅可以来自其主要人物形象，而且可以来自其次要人物形象。主次之分是叙事设计使然，但美学价值的高低是需要看人物形象塑造上的作为的，由此看，次要人物形象也可能具备并不次要的美学价值……

谈起《情满四合院》，人们在肯定其主人公何雨柱（傻柱）的成功塑造和表演时，不应忘记他旁边的其他次要人物。这些对他来说特别重要的次要人物中，除了作为他的知己、伴侣和一生守护对象的秦淮茹之外，可能就要算许大茂了……要知道许大茂其人在这部剧中的分量，不妨来个假设：假如整部剧中没有了许大茂这个人物，整部剧的剧情该怎样向下发展和延伸？何雨柱又该怎样表现其作为第一主人公的德行、口才、情义、机智等诸多特长？简要归纳，次要人物许大茂在全剧中扮演了不可或缺的重要角色：一是主要剧情的当事人和推进器；二是主人公何雨柱展示其性格的理想对手；三是何雨柱与秦淮茹之间关系的反面助推器；四是四合院所存在于其中的市民社会氛围的一个负面的代表性形象，而就其言行举止看，已属于负面或反面人物了。总之，全剧少不了这个次要人物（或反面人物），他在美学价值上并不“次”，反而产生了不可或缺的重要烘托或证明功能……

次要人物形象何以能具备并不次要的美学价值？其原因可以列出很多，其中重要的一点应当在于，主要人物形象往往被赋予较为沉重或过于艰巨的表达任务，而次要人物形象则可以有着更加轻松自主的表达空间。或者说，主要人物形象需要传达的主旨有时难免过高或过于理想化，不如次要人物形象更接地气、更能携带来自本地生活的泥土气息，也即更具备生活现场特有的逼真感和纵深感……

上文中，研究者主要论述了电视剧中次要人物在作品中不可忽视的美学价值，有观点、有案例、有总结，语言平实却鞭辟入里、头头是道，相信无论是业内人士还是普通观众，既能看得懂，又能有所启发和洞见。这便是研究文本如何追求雅俗共赏效果的有益实践。有文化学者将文艺作品或研究成果归结为两类：“未实现的文本”和“实现的文本”，顾名思义，前者是产出后被束之高阁或仅被极少数同行接收的文本，后者是在一定的受众范围内达到较好传播效果，甚至产生深入互动的文本。无疑，我们更多的视听研究应该力争做后者。

正确的方向和路径，是抵达目的地的保证。而方向和路径的选择，某种意义上还是取决于研究的价值观，即我们对于所从事的视听研究的根本性看法和观点。思想通了，便一通百通。“盖文章，经国之大业，不朽之盛事。年寿有时而尽，荣乐止乎其身，二者必至之常期，未若文章之无穷。”（曹丕：《典论·论文》）一篇研究文章，可以微小也可以磅礴，可以速亡也可以不朽，可以普通也可以伟大，相当一部分的决定权就掌握在研究者自己的手中。

PART FIVE 方法怎么用：合适的工具才是研究生产力

对于研究方法的充分有效使用，一直是视听研究中较为薄弱的环节，很多还谈不上用得“好不好”的问题，而是“对不对”的问题。研究方法，是在研究中发现新现象、新事物，或提出新观点、新理论，揭示事物内在规律的工具和手段，它是通向研究目标的桥梁。有研究者认为，人文社会科学研究使用的一般方法，主要包括理性批判与情感激发、定性研究与定量研究、直觉领悟与技术分析的辩证统一。对此，视听研究可以参考，关键是要搞清楚什么时候应该用什么、怎么用。

质化和量化都需要“内化”

绝大多数研究者恐怕都对“质化”和“量化”两个词不陌生。简单而言，质化研究，也称为定性研究，指的是社会科学领域一种研究范式，往往是基于研究者经验并结合一定的技术，观察和分析对象得出研究结论的一个过程，这种研究通常不要求具有统计意义；量化研究，也被称为定量研究，与质化相反的是，量化研究通常需要一定的统计学支撑。二者都是在视听研究中常用的研究方法，但在具体的研究实践中，无论质化还是量化都有一些需要注意的问题。

许多初涉研究者虽然学会了一些研究方法，但在使用时常常显得干巴巴的，不够熨帖，论述与结论的文字之间总是显得有一定的距离和隔膜，这就是没有很好地将研究方法内化到研究中来导致的。以前面谈到过的一篇论文《粉丝文化与网络 IP 改编剧：基于社会实践理论的思考》做正面例子来说明，可能更容易理解。从这个研究题目我们可以快速地分析出该研究的两个重点——“粉丝文化”和“网络 IP 改编剧”。近些年，符合这两个元素的电视剧虽不乏其例，但数量也并不算太多，有充分代表性的应该在 10 部以下，无法进行大样本统计学的分析。因此在研究方法上，作者很自然地选定了少量样本做质化研究。而这个样本的选定也须比较讲究，要选择确实有“代表性”的样本，才能支撑论文的观点，有足够的说服力。文中主要提及的《盗墓笔记》和《全职高手》，是较为符合条件的。代表性方面，作为 IP 改编剧，其商业性一定是重要的元素，这两个 IP 源于小说，作品横跨电视剧、电影、动画等多个领域，尤其是《盗墓笔记》，在豆瓣上搜索可以发现该系列作品平均都有 10 万条以上评价。而从粉丝文化角度，这两个作品都曾是所谓的“现象级”，都破圈吸引了不同领域的受众，有大量的粉丝“二创”。可见选择这两部作品当作研究样本，是比较恰切的。

在展开论述时，样本解析也应当内化到研究当中，切勿空放其间。同样是在上述论文中，有一段阐述的是 IP 融合布局的重要性，作者以《盗墓笔记》作为例子：首先列出数据——《盗墓笔记》系列有多个不同的作品，并且有不同的出品公司、播出平台、主演等；继而分析由于 IP 创作缺乏延续性而产生的“观感割裂”“流量明星消费 IP 生命力”等问题，激发不同作品粉丝形成对立之势；最终推导出自己的观点，即 IP 应整体融合开发，与相关文化之间形成良性的互动。作者完成了比较流畅的整体论述，用数据支撑了自己的观点，也将研究方法较好地内化到了研究之中。

又如我曾编辑过的《浅论收视率在我国电视剧评价体系中的作用》一文，也是个较好实现内化的例子，全文既深入问题的根本，又努力以高视角整体看待所研究问题。我们可从文章的各部分标题及所属主要内容窥见一二：

第一部分“收视率在不同层次评价模块中的运用”紧扣题目，下分了播前评价和播后评价两个方面，各部分之下还有细分。这一部分旨在运用层面往深处挖掘收视率与评价模块的关系。第二部分"'假与真'：收视率在电视剧评价中的地位与局限"，与第一部分相比较而言，视角变高，不再局限于一些播前、播后的时间划分，而是将收视率和电视剧评价当作两个不同的整体，进行一种平行的阐述和分析。第三部分"突破与变革：扬利弃劣，提升收视率在电视剧评价中的优势作用"，不再囿于收视率和电视剧评价，而扩展到了整个产业，并对此提出意见和建议，升华了整篇文章的立意。此间，每个小段都夹叙夹议，将研究方法、数据与叙述有机糅合在了一起。

不过，相对于质化研究方法，量化方法是更容易出现数据与论述相分离的重灾区。下面以某篇关于"电影中的科学家形象研究"的研究成果中的一小节来举例：

（3）电影类型

以电影类型进行分类，出现最多的是科幻电影，占比77.1%；其次是动作、惊悚、冒险，占比皆在25%以上；喜剧、奇幻、传记和爱情也有一定的出现频率。

表 6 电影类型分布

	科幻	惊悚	动作	冒险	奇幻	战争	灾难	爱情	喜剧	传记	动画
频率	185	78	89	64	20	1	5	18	29	19	7
占比	77.1%	32.5%	37.1%	26.7%	8.3%	0.4%	2.1%	7.5%	12.1%	7.9%	2.9%

至此，文中该小节就戛然而止了。可以明显看出，作者在收集数据时下了一定的功夫，样本量有 200 多，然而其在论文中仅将收集到的数据进行罗列而缺乏分析的过程，从而使得文章缺乏应有的深度。在面临这样的数据时，可以这样思考：为什么科学家多出现在科幻电影中，并且占比如此之高；科幻电影中科学家出现的作用是什么；作为主角推动情节发展，还是为故事背景中的科幻做科学背书。在进行这样的思考并回答讨论时，文章的内容和价值也就自然而然地涌现出来，量化方法也就内化到了研究之中。

根据“敌人”选择“武器”

做学术研究，应该首先考虑研究方法还是确定问题，两者谁在先？我觉得，通常都应先提出问题，再根据研究问题来选用合适的研究方法；而不是从某一研究方法出发去寻找研究问题，这样就因果倒置了。

在宏观的视听研究领域，根据研究选题或问题，大致可以划分为两大类别：偏重人文方面的研究和偏重社会科学的研究。偏重人文的研究，如视听批评研究、视听创作研究，多采用文化批评、专业评论等方法；而偏重社会科学的研究，则多采用社会科学领域常用的研究方法。

恰当的研究方法能确保结论与论据之间的匹配度，以客观、规范、科学的方式对研究问题做出回答。在这一过程中，正如《社会科学研究的思维要素》一书的作者肯尼斯·赫文、托德·多纳所言，研究方法能“利用可观察的证据，以一种训练有素的方式来检验思维，并且在该过程的每一步都做到明晰”。这种“训练有素”，即是对研究方法的熟练把握。

不管是哪一种类型的研究，其主要程序都是理论、数据资料的收集和分析这三大部分，其中研究方法的影响贯穿始终，特别是后两个部分。数据资料的分析就是将理论推导出来的逻辑预期跟实际材料之间建立连接，寻求证实或证伪。胡适在谈研究方法时曾说，“要大胆地提出假设，但这种假设还得想法子证明。所以小心地求证，要想法子证实假设或者否证假设，比大胆的假设还重要。”假设就是研究问题的体现，求证就是研究方法的运用过程，由此亦可看出，在具体展开研究的过程中，很多时候是“问题导向”的。

为什么不提倡“方法导向”呢？任何一个研究问题，都有不同的侧面，也许每一种研究方法都是勉强可用的，然而并不都是最适合的。如果研究者先选定了某种研究方法，不考虑研究问题与方法之间是否匹配，很可能就难以准确把握所研究的问题。毕竟，“手握锤子的人看什么都像钉子”。研究方法也像“管中窥豹”的“管”，如果选择、运用得当，则成为利器；不当，就可能限制我们的视野、影响研究的结论。

为了防止研究方法与研究问题之间出现方枘圆凿甚至削足适履的情况，我们确定研究问题之后，首先应从宏观层面上判断其是属于偏重人文的研究，还是偏重社科的研究。

如果是偏重人文的研究，则主要在研究视角、理论路径、话语选择上下功夫；如果是偏重社科的研究，首先要看适合采用偏量化还是偏质化研究，或者是混合研究路径，再根据情况确定具体的研究方法。如果研究者具备较为丰富的经验，常常凭“直觉”就能判定选择哪一种方法更合适。

以偏向社科的视听研究为例，其一般都崇尚“实证”精神，按照奥古斯德·孔德的说法，就是追求真实而非虚幻、有用而非无用、肯定而非犹疑、精确而非模糊、（使命上）组织而非破坏，虽然“无法将一切都归结为唯一的实证规律”，但立足于经验性证据、数据、材料做出可靠分析，成为这类研究的突出特点。

这类研究还有质化和量化的不同偏向的分野。前者侧重于个案性、小样本的深度阐释，优势在于对现象背后的多种因素、复杂关系进行分析和阐释；而后者侧重于概化（generalization）性、大样本的分析（这里的大样本是相对而言的），能通过较大样本描述、探索或验证问题。因此，如果是探索性、开放性研究，质化研究也许更合适；如果具有明确假设的验证性研究，往往适合采用量化研究。以一位研究者近期的两篇论文为例，一篇是以社会学“集体欢腾”的视角，研究当前热门电视剧观众的线上仪式化互动行为，因此采用了以文本分析为主的质化研究路径。而另一篇研究纪录片受众的认知和娱乐动机，这个问题在经验和常识上很容易形成研究假设，如果再进行质化研究难以有创新和发现，现有研究中缺乏的是从量化路径进行统计分析和检验，以证实或证伪相关假设，因此该论文采用了问卷调查法收集数据进行统计分析，让研究更有价值和意义。有时候，我们也会根据需要，综合使用不同的方法来研究同一个问题，这常常被称为“三角法”（triangulation）。

当然，选择研究方法时，除了重点考虑研究问题本身之外，往往还需要考虑可行性，比如研究时间、资源条件、研究能力等“天时地利人和”的各种因素。以问卷调查研究法为例，研究问题中的概念是否容易操作化定义？是否有相关的成熟指标或量表工具？如何进行抽样和数据收集？研究的时间、经济成本以及难度如何？这些问题同样制约着研究方法的运用。

总而言之，作为一名研究者，不必对各种不同的研究方法都非常熟悉或精通，但是应该都有一定的了解和涉猎，这样才可以在选择方法时心中有数、游刃有余。这就好像面临“敌人”时选择“武器”，针对不同的敌人，我们需要从斧钺刀叉等兵器库中选择最合适、最有效的“武器”，才能克敌制胜。从这个意义上讲，研究方法本身没有优劣之分，但当你面对一个具体研究问题时，需要选择最合适的那一个或若干个。

“数据功夫”在挖掘和分析

从以往的经验来看，量化统计和分析方法的使用，总是我们这个研究领域的弱项，但随着互联网的普及和计算机技术的发展，计算思维、数据思维以及数据运用能力已成为视听研究者必不可少的技能之一。数据可以为视听研究提供实实在在的实证支撑，我们可以采用数据计算和挖掘分析等方法，从中发现问题，并为提升视听创作和传播效果提供路径参考。

一般而言，数据挖掘是采用数学的、统计的、人工智能和神经网络等领域的科学方法，如聚类分析、关联分析、决策树等，从大量数据中挖掘出潜在的有价值的信息和知识的过程。挖掘的数据主要包括作品文本、研究论文、书籍、期刊、web 页面、社交媒体文本（例如点赞转发量、用户评论）等。

数据挖掘的流程一般分为三个步骤：首先是数据收集和预处理，通常借助网络爬虫技术获取目标数据集，并经预处理去除冗余信息，规范数据格式来提高数据质量，以便于后续的数据挖掘工作。其次是数据挖掘，选定合适的方法寻找数据集所含的规律，提取有价值的信息供分析阐释。最后是结果的呈现和表达，应用理想的模式或用适合的方式将数据内容表现出来，比如采用可视化图表等。

具体的数据挖掘方法有很多，在这里向大家介绍词法分析、用户情感倾向分析、LDA 模型聚类和 NVivo 质性分析四种。

在使用这些分析方法之前，我们首先需要获取视听作品的数据并对其进行预处理。以我编辑过的《基于用户评论的移动短视频内容生产与优化策略》一文为例，研究者首先借助浏览器的开发者控制台和 Fiddler 抓包工具对抖音短视频平台进行了结构分析和反爬机制探索，发现两种爬取路径：第一种是在网页端，模拟人类行为调用各种数据接口，获得用户评论；第二种是使得移动端和 PC 端处于同一网络中并建立连接，移动端模拟人类行为，网关层抓取数据包分析。研究者通过实践证明，第二种方法更加稳定。需要警惕的是，爬取数据过程中要注意与爬虫相关的法律条款，不能破坏目标站点的正常运行，不能将获得的数据用于盈利行为。数据的预处理过程主要就是对于爬取的评论数据进行清洗，由于该文获取的评论数过多，故利用 Pandas 数据分析支持库处理无意义评论，如非文本字符、过短评论、特殊标点符号等，以便后续的分析和建模。而该研究者的另一篇论文《文化类电视节目传播效果及提升路径研究——基于〈经典咏流传〉微博数据的 NVivo 分析》则相对简单，即借助 Python 的新浪微博数据爬虫程序对微博内容进行了采集，并对与节目内容不相关的评论进行了删除。

一是词法分析。其通常包括分词、词性标注等，当前最核心、也是最常用的就是利用分词来做词频统计。字词作为文本最基本的意义单元，统计文本用词的频次，能够反映某个主题相关方面的趋势和特点，或是文本讨论的焦点。起初，对于严谨、规范的文本数据，人们常采用词典法来做词频统计，这种方法要求研究者先前确定好分析类别和类别中的词语，建立好“词典”后将分析对象与词典中的内容进行算法匹配，计算词语或类别的出现次数，一般可直接使用

Python 的 Jieba 分词库。但是目前，由于网络文本内涵愈加丰富，用户表达更加随意和碎片化，当分析对象是海量数据时，词典法很难覆盖其内容范畴，因此面对大数据，机器学习的方法也许更高效，也相对更准确，通常可以调用人工智能公司提供的分词模型接口，比如百度智能云、腾讯云、阿里云和 HanLp 等，在上述《基于用户评论的移动短视频内容生产与优化策略》一文中，作者便选择了百度智能云的模型接口来进行词法分析。

二是用户情感倾向分析。指的是对带有情感色彩的主观性文本进行分析、处理、归纳和推理的过程，通过对文本的情感分析能够了解大众对某一事物的看法，从舆论倾向中把握事物发展的趋势，从而便于研究者对该事物的未来发展提出相对应的策略。同词法分析类似，情绪分析已经成长为自然语言处理（NLP）中最活跃的研究领域之一，方法上基于大规模语料库的机器学习法也逐渐取代了词典法在研究中的地位。如在《基于用户评论的移动短视频内容生产与优化策略》一文的撰写过程中，作者借助人工智能公司提供的情感分析模型获取文本的情感倾向得分，了解了公众对于移动短视频的态度，再借助 Python 的 Matplotlib 库将数据处理成可视化图表。

三是 LDA 模型聚类。LDA（Latent Dirichlet Allocation）主题模型本质是文本聚类算法，在 NLP 技术中很常见，属于文档生成模型，它常用于对文本数据（比如用户评论）的主题挖掘。此方法需要基于文本分词的预处理，然后将分词结果输入到 LDA 模型中，模型根据研究者所设立的主题数聚类，研究者需要依据聚类结果调整预设的主题数，反复训练获得最佳结果。操作上，借助 Sklearn 库封装好的 LDA 模型可以大大降低编程难度，将分词结果按一定规则向量化，按批次输入到模型中训练。模型是否收敛主要观察 Perplexity 变量是否稳定处于较小值。而训练结果的优劣需要人工辨别，检查每个主题下的关键词是否和主题相关，如果经过充分训练后还未获取满意结果，则需要人工调参。一般而言，有手动经验调参和自动调参两种方法，手动调参主要是根据结果去判断预设主题数的增大与减小，当研究对象是大数据集时一般采取这种方式。《基于用户评论的移动短视频内容生产与优化策略》一文就采用了手动调参的方式，经过多次训练最终确定了四个主题，即技术、剧情、主角、画面中的审美元素。当然，如果需要分析的数据量较小，可以借助 Grid Search CV 自动调参获得最优结果，选择何种方法可依据实际情况而定。

四是 NVivo 质性分析。NVivo 是一款质性分析软件，可以导入文本、视频、网络和社交媒体等数据，通过编码、查询等功能有效帮助研究者提取数据的概念与信息，体现文本的内容层次。在上述《文化类电视节目传播效果及提升路径研究——基于〈经典咏流传〉微博数据的 NVivo 分析》一文中，作者的编码过程由三个小组进行：首先，两小组分别对资料进行开放性编码，仔细阅读、分解、分析资料，将与研究主题有关的资料内容提取关键词、短语，建立自由节点，完成后对具有一致性的自由节点甄别校对；其次，进行主轴编码，将自由节点概念性整合，深挖之间的关系，最终得到“态度—行为—认知”三个父节点。

总的来说，在视听研究中，数据挖掘方法既可以快速爬取和统计点赞量、转发量这类信息，也可以通过爬取用户评论数据来挖掘潜在有价值的信息，能够帮助研究者更好地了解作品的传播现状，有利于该行业领域的问题洞察和策略探索。在行业生态和研究生态不断变化发展的背景下，研究者越来越需要熟练掌握数据的挖掘与分析方法。

体验需要“进得去，跳得出”

很多时候，研究者需要通过亲身实践、参与观察等方式，体验社会文化现实，获取研究资料，来完成研究论题。在这样的调查研究中，一方面需要“进得去”，通过田野调查等方法，从文化他者的视角对研究对象进行“深描”；另一方面也需要“跳得出”，在获取资料的基础上，回到理论演进的历史脉络，从学术创新的维度，对经验材料进行意义发掘和理论提升。为了更好地说明这一问题，我选取了一位常年搞田野调查的年轻研究者的实践案例来进行详剖。

如何进去？

田野调查，是研究者参与他者的日常生活，观察他者的文化事项，记录他者的文化内容，阐述他者的文化精神的基本方法。如何进行田野调查？简单来说，就是要对调研对象进行长时段、整体性的研究记录。调研方式为“三同”，即研究者与调研对象“同吃、同住、同劳动”，以参与观察为主，辅以深度访谈，在他者的生活体验中理解他者的相关情况。

以该研究者在云南省德宏傣族景颇族自治州调研、拍摄的景颇族目瑙纵歌节日影像志《漫长的舞步》为例，从 2017 年至 2018 年，参与调研拍摄的人员分为两批先后前往田野点——陇川县景罕镇曼胆村委会朋生村民小组，创作经历了以下几个阶段：第一阶段为 2017 年 2 月至 2018 年 1 月，是前期策划阶段，进行了节日选择、文献研究、落实拍摄人员与设备、拟订调研行程、制订拍摄计划表等工作。第二阶段为2018年2月2日至3月20日，是中期拍摄阶段，调研拍摄团队拜访相关单位和个人，实地考察田野点，寻找拍摄对象，进行节日前筹备过程的拍摄，节日中祭祀、狂欢活动的拍摄，节日后清扫场地的拍摄。节日拍摄结束后，团队成员进行了整理素材、翻译部分同期声民族语言、补拍被拍摄对象采访等工作。第三阶段为2018年4月至2018年11月，是后期剪辑阶段，进行了民族语同期声翻译、挑选素材、整理场记和调研笔记、精剪等工作。成片《漫长的舞步》有两条视听线索：一是以几位祭祀成员所进行的节日祭祀活动为线索，包括节日前的祭祀活动、准备祭祀用品，节日中的祭祀活动和祭祀团队人员分工，节日后如何结束等；二是以17个节日筹备工作小组所进行的活动为线索，包括节日前的准备活动、节日中活动的开展情况、节日后的组织状况等。两条线索依据时间顺序交替推进。

如何跳出？

在体验式的研究中，如何将田野调查中获得的经验材料，转化为理论阐述，要求研究者能从微观的个案细节深描跳脱出来，以中观的学科脉络和宏观的理论视野，审视所获资料与理论创新建构之间的可能性。下面仍然以上述景颇族目瑙纵歌节的调研为例来说明。

目瑙纵歌是景颇族最盛大的民族传统节日，“目瑙”是景颇语音译，“纵歌”为载瓦语音译，合在一起汉语意为“大伙儿跳舞”。每年在固定的时间，多民族群众汇聚在庭努房、目瑙纵歌场，祭祀神灵，纵歌狂欢，祭祀景颇族最大的天神——木代南。除了隆重的祭祀仪式，数万人汇聚在目瑙纵歌场一起跳舞，排列成阵，舞步有序，节奏鲜明，“万人舞蹈”把景颇族的文化事项浓缩为观赏性、参与性极强的节日展演艺术。影像志，作为一种以影像纪录留存历史的方法，是一个多学科交叉互渗的领域。从学科归属观之，影像志涉及影视（视觉）人类学、纪录片、视觉文化、影像史学等多学科，是影像与历史交叉互渗的跨学科领域。目前关于节日影像志的实践项目较多，但理论总结较少，而且多集中在对某一部节日影像志的点评和创作总结上，完整地记录一部节日影像志从无到有，深入探析节日影像志拍摄、制作、传播等过程，则大体属于研究的空白点。

基于景颇族目瑙纵歌节日影像志创作与传播的实践，研究者以“影像圈”的理论概念，对田野材料进行了理论建构，并认为：节日影像志创作与传播的理论框架，可用“影像圈”这一概念来总结。具体来说：第一，节日影像志拍摄，是一个从文字深描到影像深描的过程。第二，节日影像志剪辑，则是一个从影像深描到作品白描的精剪过程。第三，节日影像志的传播，可用三个“影像圈”来表述，即目瑙纵歌有“天堂之舞”“万人之舞”的美称，“影像圈”正是以“万人舞蹈”不断循环的“圈”为启发，在景颇族目瑙纵歌节日影像志完成后，对影片进行“分享人类学”（Shared Anthropology）的放映、拍摄：第一个“影像圈”是将“作品”放映给被拍摄对象观看，并拍摄观看者的反馈；第二个“影像圈”是将“作品”和“被拍摄对象的反馈”放映给景颇族年轻人看，并拍摄观看者的反馈；第三个“影像圈”是将“作品”“被拍摄对象的反馈”“景颇族年轻人的反馈”放映给非景颇族群体看，并拍摄观看者的反馈。最终，形成由制作者、被拍摄对象、观看者三者共同参与建构的四个作品：一是节日影像志“作品”本身，二是“被拍摄对象的反馈”，三是“景颇族年轻人的反馈”，四是“非景颇族群体的反馈”，以及由此构成的三个“影像圈”。

这一体验式研究的典型案例，较好地向我们诠释了什么是“进得去，跳得出”。以田野调查等方法进入研究对象的生活世界，通过深入的参与观察，消解研究者与研究对象的种种隔膜；与此同时，研究者应调动眼、耳、鼻、舌、身等五维感官，对研究对象进行深描。当研究者从田野回到书斋，则要从资料细节中跳脱出来，对研究对象的意义生成，进行理论维度的辩证把握。

“解剖麻雀”的正确打开方式

视听研究中，个案分析可谓常见的研究类型，它既可以抓取热点文本，回应行业与学界的聚焦话题；也可以回顾经典文本，“以点带面”提炼出同类题材创作中的发展规律。更重要的是，个案研究在难度方面具有弹性，似乎更适宜作为学术训练的基石，不断积累、熟能生巧，以便驾驭更加庞杂、艰深的选题。

此类研究的前期选题时，便涉及研究个案如何选择和宏观把握的问题。个人看来，应选择那些或具有典型价值，或已经广泛传播，或产生较大反响的个案作品。需要注意的是，一要避免把研究对象“过度抬高”，写成类似宣传稿的样子；二要避免单纯“就事论事”，而要从中总结出对同类创作的借鉴和启示；三要理性进行比较性研究，要明晰做不同个案间比较分析的目的性、必要性和科学性。

“麻雀虽小，五脏俱全。”作为常见的视听节目类型，电视剧少则十几集，多则几十集；综艺节目无论周播还是季播至少也需关注一整个播出周期，这样几十小时甚至上百小时的文本看下来，往往感觉可说的东西纷繁复杂，很难抓住头绪。那么，“解剖麻雀”的方法是什么，如何才能事半功倍呢？

延续前文谈找选题时所说的“小切口深打井”思路，向大家推荐把其贯穿到整个文本的研究逻辑中，力求删减旁支、直取要害、入木三分、管中窥豹。

首先，要“问题先行，抓住特点”。一部好作品，一定是有些部分精准地抓住了观众“内心的问题”，并尝试给出创作者自己对于该问题的答案；而好的个案研究就是要精准地把这个关键问题抓出来，并剖析创作者给出的答案是什么、如何运用艺术的手法来呈现以及效果如何。多年来，央视“春晚”可以说是个常谈常新的特殊个案。在 2015 羊年春晚播出后不久，一篇在接受维度上对其进行深入分析的文章《从受众心理诉求角度谈央视春晚的困境与出路》谈得便较为切中要害。文中在论述精神愉悦、温情陪伴、国族认同等受众集体心理需求的前提下，深入分析了当下春晚所面临的现实境遇，并提出了春晚提升观众满意度较为可行的对策与建议：缩短晚会总时长，注重传播“留白”；内容和风格注重发挥日常生活小事的叙述魅力，精选温暖感人、真实励志的典型微小事件；重视真善美的合理表达，突出电视影像优势，注重对观众人格的基本尊重；演职人员与现场、场外观众合理互动，改善前期宣传。这便是旨在抓住实际问题和具体特点进行的思考。

接下来，在建构全篇研究思路时需要“框架清晰，逻辑自洽”。明确了核心问题后，如何搭建研究框架，使得论证过程饱满有力、论据详略得当、文章整体明晰顺畅呢？一般而言，采用“剥洋葱”的方法，即以因果关系为逻辑动机来层层递进、步步展开，是比较有效的。例如，有研究者在观看电视剧《遇见幸福》后进行的个案分析——《伦理关系重建中新时代“幸福观”的形塑——电视剧〈遇见幸福〉的文化价值与艺术特色》，便围绕“当下中国老、中、青三代人的伦理关系危机”的核心问题，按照“危机为何会出现——如何分析和看待危机——进而重建‘伦理关系’实现新时代的‘幸福观’”这样的整体思路来依次展开，能够让读者在阅读时感到条理分明、逻辑清晰。

另有比较常见的论证逻辑是“平行版块式”，即对一个问题从不同角度加以讨论，最终合力形成对核心问题的完整回应。例如，在电视剧《大考》热播时，一篇名为《〈大考〉：时代记忆与青春征程的交相辉映》的个案研究，就是分三个部分，即“高考之考”“危机之考”“智慧之考”，分别从不同维度阐明全剧主旨——非常时期国人作为个体和集体，所面临的大考是什么以及如何面对。

最后，文章的落脚点要力求“观点突出，立意新颖”。个案分析如果只将气力放在文本之内，最后难免成为拘泥于细节、“为了分析而分析”的小格局之作。好的视听作品，一定可以在其中思辨人生、回望历史、洞悉社会，并对同类作品具有创作启示。对于“现象级”电视剧《人世间》，曾一时间收到很多对其的评论和研究，《时代变革与平民生活史的当代图鉴——电视剧〈人世间〉的艺术创新探究》一文则让我印象较为深刻，该文将这部作品的精神价值定位在：通过对改革开放前期的历史复原，让观众感受当下生活的来之不易，也更能深入理解历史进程中现代中国的发展轨迹；进而揭示该剧的艺术创新体现在：将周家三代人半个世纪命运沉浮的个体故事中包含的“民间温情”提炼出来，而这也正是中国社会几十年来稳步前行的重要根基，是推动中国历史不断进步的积极力量。类似这样的观点提炼，是个案分析最见功力之处，也是最能给同类创作带来借鉴价值的，当然也是相对较难捕捉和把握的。这需要研究者不断拓宽知识视野，尝试哲学、历史学、社会学、文化学等的跨学科观照视野；深入体味生活，关注社会人生，并怀有悲天悯人的“共情”能力。

PART SIX 初心在不在：别让“研究成果”变废纸

每年都有不计其数的论文发表后就被束之高阁，除了作者和编辑，几乎不会被更多人看到，更不用说对行业发展、理论建设发挥什么作用，有的作者甚至在论文发表后自己都懒得再多看它一眼。研究的目的究竟是什么？我们应该常常扪心自问一下这样的价值归宿问题，才不至于在“埋头苦干”中忘记了“为何出发”。

不能只享受“研究的过程”

我们一直在讲，学术研究要有问题意识。“问题意识”到底是什么？本质上是指人在认识活动中，经常意识到的一些难以解决的、疑惑的实际问题或理论问题，并产生一种怀疑、困惑、焦虑、探究的心理状态。问题意识的单薄和欠缺，可以说是现在视听以及相关领域研究中的通病。

这集中表现为，“为了研究而研究”的盲目性操作比较常见。很多研究者，用了很多理论视角和研究方法来操练一番，有些段落部分也分析得头头是道；但文中最大的问题是“没有问题”，直到论文结束，也看不到究竟想要聚焦什么、解决什么，或者富有针对性的研究结论是什么，研究者基本上就只享受研究的过程了。

其实，当下视听领域值得关注的问题很多，从宏观方面而言，诸如：主旋律创作如何真正实现年轻态表达；互动剧、竖屏剧、精品短剧等类型的问题与趋势；全媒体环境给创作和传播方式带来的内在变革；新型舆论场效应给创作传播带来的影响，等等，以及由此衍生出的种种细化的分支问题，都迫切等待着研究者来进行具有深度、锐度、精度的解析。

我曾经和一位作者探讨论文选题，对方对当时比较热门的文化类节目很感兴趣，于是想出了一个选题和我商量——《论文化类电视节目中核心价值观的文艺表达》，当时我的第一感觉是过于四平八稳，并且这一话题也并不新颖，同类研究已屡见报刊，所以觉得还是应从具体问题切入，但这一问题必须要找得准、说得透、别人关注得不多。于是，便建议作者换一种视角和立场，从当时在文化类节目领域里已有些苗头的“价值观表达的同质化现象”入手，来摆问题、讲道理、找出路。该研究者按照这一思维路径最终做出了论文《论文化类电视节目中价值认同的话语生成机制》，较之原先更有聚焦性、创新性和问题意识，发表后收到了较好的传播效果。

当然，还有很多文章由于天生便具有鲜明而准确的问题立场，会让编辑和读者都眼前一亮。例如《从“破圈”到“常青”：电视艺术可持续发展的突围与壁垒》一文，便是研究者及时关注到了受差序格局的社会圈层影响，电视艺术正面临圈层化传播的诸多壁垒，亟须破圈突围的问题。文章认为，此间年龄圈层的代际沟通、文化圈层的小众化传播和媒介圈层的技术升级等，都需要有效的解决方案。以此为前提，该文进行了一些深入的可行性分析：

近几年来，主流电视媒体秉持文化自信和责任担当，着力打造了一批具有中国气韵、民族精神的艺术精品，在数字互联网的冲击与加持下成功破圈，赢得了不同圈层的掌声，但同时也陷入难以可持续发展的现实困境中。如何从破圈到常青，从偶然到必然，电视艺术的未来发展仍然道阻且长。从媒介可供性的角度来看，一般包括生产可供性、社交可供性和移动可供性三个要素，这也为电视艺术产品破除发展壁垒提供了部分理论支撑……

接下来的具体对策思考，由于篇幅关系便不更多引述了。仅从这一小段中，便可感受到该文是建立在强烈的现实问题基础上的，所以提出的解决问题的建议也是有的放矢的、务实可行的。因而，该文发表后也得到了《新华文摘》的转载，在学界产生了较大反响。

巴尔扎克曾说："打开一切科学的钥匙都毫无疑问的是问号，而生活的智慧就在于逢事就要问个为什么。"无论是自然科学的研究，还是人文社会科学的研究，其实都是从问题开始的。问题意识对于学术研究的重要性，无论怎么说都不过分，因为从某种意义上它是研究中最本源、最核心的问题，是研究的灵魂所在，没有问题意识的学术研究是难以想象的。当前处于转折提升期的视听行业发展，可以说被各种各样的问题层层包裹着，这些问题有大有小、有难有易，对每个问题的破译和解码，都能够或多或少地助力行业健康高质量发展。很多研究者抱怨线索难找、选题难寻，其实，在研究领域里从来都不缺少值得关注的问题，缺少的只是一双发现问题的眼睛。

"填补空白"也是一种担当

为了论述方便，如果做一种机械性的一分为二的种类切割的话，包括视听研究在内的相关领域研究，根据其主要特质，可以大致分为两类：一是前面提及的问题型研究，二是领域型研究。如果说前者主要针对的是某一显著的问题，主要目的是解决问题；后者的目的则是在视听行业中某一相对封闭的领域范围内进行整体、系统、多维、深入的观照。当然，二者事实上并不是非此即彼的对立关系，在一项研究中常常是双方兼备，只是哪一方的特质更明显、更突出而已。

若想做好领域型研究，首要的是把领域选准，这里就需要研究者有一种补白意识，即填补某一领域的研究空白，但前提是该空白领域须具有一定的研究价值。关于比较冷门类型、题材、风格的剧集、节目以及其他视听作品的研究，关于某一代表性资深创作者及其作品的研究，关于某一垂直细分领域作品的研究等，大致便属此类。这些研究，往往既可以起到对该领域进行整体扫描和评介的作用，又可透过该领域有更加深广的发现与思索。

例如，早在2016年，有位作者便关注到当时来看较为冷门的一个领域——体育题材电视剧，并写成论文《我国体育题材电视剧的缺陷及进路探析》，在整体观照该领域代表性作品的前提下，点明了其时下存在的两种弊病，即“作品‘传记化’，拘泥于原型”和“剧情娱乐化，体育成标签”，并探索了此类电视剧的突破求新之道：精准表现体育精神及内涵、紧扣体育彰显人性的光彩、贴近时代反映体育的变迁、拓宽题材并合理艺术加工。现在看来，研究的完整度和深度或许还有提升空间，但在当时而言是对一个几乎全新研究领域的开拓。

又如，到了2019年，虽然有零星的关于互动剧的报道和介绍见诸报刊，但关于此领域的深入系统性研究还基本处于空白。较早关注此类型剧集的某位研究者便写出了《媒介技术视角下的互动剧特征研究》一文，指出互动剧作为近年来新出现的影视剧类型，其最为革新的地方在于两个方面：一是媒介技术的革新，二是与观众之间互动关系的革新。这些革新导致互动剧出现与传统电视剧类型不同的特征：一是文本的特性从作者主导向人机交互转变，二是观众的观看从叙述式向体验式的转变，三是文本美学特质呈现为类型的消融和"移情"的深度化。作者对新事物新特征的归纳可谓简洁准确。

进入 2023 年初，貌似未被开垦的学术处女地越来越少了，但行业的快速发展会生成更多的空白点来等待研究者去填补。在众多的来稿中，有一个选题引起了我的注意——《镜像修辞、符码重构与情绪共享：从反应视频看剧集传播的互动创新》，对于绝大多数人而言，"反应视频"无疑是个新鲜名词，文中深入透视了这种弹幕文化浸染下发展起来的新型视频形式，解析了其核心元素、互动特征等，并在此基础上展望了剧集跨媒体互动的新策略。这一研究不仅让受众深入了解了这种新形态，而且对视频的互动功能与传播创新有了更多思考。

具有填补研究空白的意识并积极去实践，这本身就是一种学术担当，因为其需要面对未知时的理论勇气和冒险精神。由于多数情况下要在没有前人印记的领域里“摸着石头过河”，因此也许常常走错路，也许走到半道会发现无路可走，最终要想抵达彼岸必须有足够的热爱和坚持。然而，在这之前更需要下功夫的，则是对于“空白点”的准确判断。

我们大概都知道通过文献梳理的方式，来了解目前某个领域的研究现状。但学术研究的文献能力其实是一种综合能力，通常包括文献检索、文献筛选、文献综述和文献应用等能力。日常情况下，我们比较注意的一般都是文献综述、文献规范引用，而文献的检索和筛选常常是被忽视的。事实上，这两方面是进行文献综述和文献应用的前提。很多研究者并不是不会综述拿到的文献，而是根本没有找到关键的文献。

曾经在某社交平台上看到一篇名为《不要轻易说填补学术空白》的帖子，作者大概率从事的是医学相关领域研究，文中提到：其在博士论文开题前，用知网检索关键词“阿育吠陀”，相关学术文章居然只有寥寥数篇；再检索“阿育吠陀”+“中医/中医药”，更是一篇都没有，便自以为开创了某个研究的领域。开题之后，随着研究的深入，其发现早在 20 世纪 50 年代，就有一批大家在研究阿育吠陀了，60 年代中后期以后这一研究有所中断，2000 年后又出现了一些学者的研究专著，且更关注阿育吠陀医学与外来医学之间的互动。那为什么在开题时没有看到这些文献呢？问题出在检索关键词上。当时使用的关键词阿育吠陀，是现在媒体报道南亚传统医学时约定俗成的翻译。20 世纪 50 年代学者在研究它时，用的术语是生命吠陀（Ayurveda 是梵文，Ayur 是生命的意思，Veda 就是吠陀）、吠陀医学等表述；2000 年后，相关研究者撰写的第一本有关阿育吠陀的专著，翻译的是阿输吠陀；还有研究者撰写的有关中古医学之间交流的专著使用的是繁体字。用作者自己的话来说：“这么丰富的研究素材都没有进入博士论文开题报告，这个教训是深刻的。”

虽然研究领域风马牛不相及，但相信很多视听研究者看后都会产生莫名的带入感，甚至不由自主地后背发凉、冷汗直冒，乃至对补白型研究打起退堂鼓。是的，填补学术空白，也没那么简单，不但需要勇气，还需要功力。

任何“求新”都很可贵

创新，是貌似在各种学科都老生常谈的一个话题，但可以常谈常新。很多研究者感觉“创新”是一个遥不可及的高端行为，其实不然，只要用心用功、找对路子，就不难呈现在自己的研究成果中。其实，做一次研究，并不一定在所有的方面都实现创新，也并不一定必须有惊天动地的重大发现，事实上也绝难做到。只要做到个别方面有新意、有亮点，就足可称得上“创新”了。比如新的观点、新的思路、新的材料、新的研究方法等，都是有价值的。可惜即便如此，在当下的绝大多数论文中也太稀缺、太宝贵了。

视听作品中的价值观，这一话题乍听上去好像没什么新意。然而，就在绝大多数研究者都在讨论作品价值观是非优劣的情况下，有研究者从价值观的生成机制这一新角度入手来打开新的视野，完成了具有创新意味的《电视剧价值取向的生成机制——从隐含作者、旁白叙述者和人物谈起》一文，受到了一些同行的关注。

还有一位研究者的选题为《新时代重大主题电视剧的生产与传播创新》，听上去似乎也并无太多新奇之处。但异于同类选题的是，文中专门溯源了“献礼剧”的发展历程，其间引用了20世纪50—80年代的一些不常见到的影视领域的史实，不仅较好地阐述了“献礼剧”产生的历史逻辑，还具有一定的史料价值。不妨摘录其中一段，权且作为相关知识点的分享：

“献礼”这一形式在影视领域的实践，最早出现在1951年春季，由文化部电影局和中国影片经理公司总公司在全国20个大城市举办的“国营电影厂出品新片展览月”活动，系统展映1950年“东影”“北影”“上影”三大国营制片厂出品的26部影片，虽然这一次无献礼片之名，却实实在在是电影工作者为新生的共和国献上的一份由衷的庆生礼。“献礼片”概念首次提出是在1958年下半年的中央书记处会议上，这次会议决定“在文化领域组织一批重点项目，指出1959年的电影生产肩负着为国庆10周年生产献礼片的任务”。随后，文化部在1959年举办了“庆祝建国10周年国产新片展览月”，在“内容好、风格好、声光好”的“三好”原则下推陈出新，共展出36部新片，就此开创了“献礼片”的传统。此后，“献礼片”便成为中国特色的电影组织生产和创作方式，成为中国电影发展的重要组成部分。

这便是新材料在论文创新探索中的具体表现。还有一种值得重视的创新，是采用较新的研究方法来观照相关领域，解析相关问题，得出让人信服的结论。如有作者选择了“研究的研究”这一视角，有志于探析“我国电视剧研究的新时代图景”，成文后的最大亮点是，其综合运用了文献计量法与文献分析法，借助CiteSpace等可视化分析软件，以2012—2021年CSSCI数据库收录的有关电视剧的论文文献为样本，从外化和内化两个方面，对新时代我国电视剧研究的整体格局进行了系统性考察，并通过实实在在的数据得出一系列该研究领域可资借鉴的结论：如十年间的“高影响力期刊”“高影响力学者”“高影响力文献”“研究主题的分布与聚类”，在文末的“电视剧研究的图景与进路”部分中，有一个观点认为：

只有脱“虚”向“实”，把研究落在实处、把学问融入现实，才能真正为行业发展提供理论支撑。电视剧是一个实践性很强的研究领域，电视剧研究既是理论研究，更是立足实践的实务研究……但是，部分电视剧研究也出现了“逐热”倾向，且反思与批判研究失语缺位。更值得警惕的是，一些研究不去用理论指导实践，反是让实践适于理论。具体言之，就是通过分析相关内容，甚至是过度解读，来证实一些已经被前人提出的观点与结论的正确性。这无疑折射出学界因急功近利的浮躁之风而导致的本末倒置。如果电视剧研究仅满足于“抄小路”“走捷径”，那么对于时时刻刻都在迭代创新的业界实践来说，则无异于“逆水行舟用力撑，一篙松劲退千寻”了。

从中可以看出，研究中的创新常常不是孤立的、封闭的，很多时候，创新的方法会得出创新的论断，进而令整个论文焕发出一种新的气象。当然，对于创新，我们也应有理性认知。在视听作品的创作中，一切创作技巧和手段都是为内容服务的。同理，在视听研究中，一切创新的视角、材料、方法，都是为论证观点服务的，切不可为了创新而创新，把创新作为“炫技”或“掉书袋”的幌子，或吸引眼球、哗众取宠的噱头，那便是本末颠倒了。

理论实践“两张皮”要不得

被当代哲学家冯友兰称作“横渠四句”的北宋张载的名言：“为天地立心，为生民立命，为往圣继绝学，为万世开太平”，一直被人们传颂不衰。因为其言简意赅地道出了中国历代知识分子“经世致用”的社会担当和精神境界，同时，也回答了一切“学问”的终极价值追问。

视听研究是一门社会性极强、实践性极强的学科，然而，目前该领域研究存在的一个显著问题是——和实践严重脱节。据很多视听行业的一线从业者反映：很少读学术论文，尤其是那些貌似深不可测的文章，有的压根儿看不懂，有的即便看懂了也对实际工作用处不大。因为，要么是遥不可及的“形而上”，要么是难以恭维的“外行话”。

目前，在具有高度实践性的一些学科领域，这种普遍存在的理论和业务“两张皮”的现象，严重影响着学术研究的时代价值与社会功用。对于视听研究而言，一方面当然很有必要产出一些真正具有史料价值和思辨价值的学术成果，另一方面更要积极拥抱实践、拥抱行业、拥抱社会，“把论文写在大地上”，而不能一味闭门造车，或走入貌似高端的“伪高端”之路。视听研究者需要从内心深处树立“经世致用”的理念，从宏观视角而言，要想办法助力于整个社会和行业的发展进步；从微观视角而言，要力争切实解决业界实践中的现实困境与问题，哪怕是细微毫末的一丁点儿小问题。

记得前几年剧集《白夜追凶》热播的时候，有一篇用比较专业的视角来解读该剧创作的论文，名为《探案与探暗：〈白夜追凶〉的镜像叙事》，其专门探讨剧作如何通过镜像语言来达到叙事效果，全篇都是在“内行话”中进行的思考，颇有切中肯綮之感。诸如：

……在《白夜追凶》中也频繁出现自高处和远处俯瞰地面的上帝视点镜头。在案发现场、追逐与打斗场景、案件的开始或者结束时，都频繁用到了上帝视点。这高高在上、遥望人间的视点，首先造成了一种远观的间离效果，瞬间置身世外的深情远眺，像是一个句点、一个惊叹号，为一个生命和一段故事画上句号，同时又在叹息死亡的残酷……

……整部剧中最温暖动人的部分数28集时关宏宇的“雪地救兄”了……镜头从空中俯视白雪覆盖的无垠雪原，互相扶持的两兄弟在雪地上只是两个很小的黑点。应该说这一幕是兄弟二人角色互换的转折点，关宏宇从一个受哥哥保护的人，变成了照顾呵护哥哥的人，从一个暴躁冲动不负责任的小混混，成长为一个有担当、有责任心的男人……

……白天在警队的场景，多用百叶窗营造气氛，光线透过百叶窗的条纹进入室内，造成光影流转、扑朔迷离的气氛……剧中黑暗/黑夜，是解读关宏峰这个人物的关键……突然的停电让关宏峰的黑暗恐惧症发作，剧中用了一些视觉元素来描述其如临大敌的极度恐惧：快速剪辑、闪烁的灯光、布满汗珠的脸……然后再透过关宏峰眼珠几乎爆裂的脸，我们看到他的幻觉……

字里行间能够感觉得到，作者是懂视听语言的，不是“空对空”讲理论的，和创作不是完全隔膜的，因而对于行业实践和发展也是或多或少有着参考与镜鉴价值的。如果说这是对既有作品的一种解读和阐释，那么，对行业中某一领域或问题的路径性思考，便更见功夫了。

在一次面向某高校师生的讲座中，一位刚刚走上学术之路的年轻研究者向我提了这样一个问题：

"……那种提几条建议的对策性研究倒是不难，您说应该怎样做好作品的内容研究？"我一听，不禁笑着跟他说："那你恐怕对于对策性研究有什么误解。"面对行业发展中遇到的形形色色的难题、障碍，如果拍脑袋编出几点既落不到实处、又没法操作的原则性对策，当然不难，但又有何用？其实，不单单是初入门者，有很多在这一领域耕耘多年的资深研究者，有时候也会这样"拍脑袋讲对策"。倘若以严肃的态度深挖这一问题产生的思想根源，也许还是对自己的研究对象爱得不深、责任感不够，还是缺乏"让这个行业更加美好"的那片赤诚之心。

那么，当有了这份情怀与担当之后，会不会仍然难以"说到点子上"？那便是下面一个小节要讨论的问题了。

"用事实说话"越来越重要

"没有调查，就没有发言权。"这句话虽然尽人皆知、尽人皆服，但作为视听研究者又有多少人能够保证，自己的所有研究结论，都经过了实实在在的调查分析呢？

用事实说话，最有科学性，也最让人信服。调查研究的方法，便是通向事实的最可靠路径。从大的方面说，发现问题、研究问题、解决问题，始终是推动一个国家、一个民族向前发展的重要动力；研究问题、制定政策、推进工作，不能刻舟求剑，不能闭门造车，更不能异想天开，必须要进行全面深入的调查研究。从小的方面说，每一次做研究，如果不是建立在调查的基础上，本质而言都是在坐无底轿。在平时的编辑工作中，只要看到通过真实的调查研究做出的论文，自然便会生出几分好感，事实上这类成果绝大多数也的的确确扎实、精准、质量上乘。在这里，我想和大家分享一下自己比较难忘的两次调研经历。

一次是关于如何推动电视剧、网络剧高质量发展的行业大调研，我参与其中并担任调研报告总执笔人。在此过程中，通过对相关制作方、播出机构以及创作者等的实地走访、深度访谈，并研读大量一手采访素材，对于近年业内人士的真实心声、困扰行业发展的现实问题等有了较为全面的了解。在千丝万缕的众多问题中，我发现“舆情绑架作品”的现象尤为显著且积压已久，而且某种程度上在业内是一种“人人心中有却个个口中无”的普遍性问题，我认为这恰恰是需要及时反映出来的。因此，在调研报告中便针对“舆情绑架作品”列举了几种现象：

现象一：有些作品，尤其是关注度较高的作品，从刚一开机便有可能遭到一些负面舆论的攻击。在制作全过程中，制作方不得不胆战心惊地始终密切关注舆论风向，必要时还要通过一定方式进行舆论干预。

现象二：有的剧集开播后会遭到某些利益组织或竞争对手有预谋、有策划，但却貌似网友自发的“抹黑”。而一旦负面舆论形成声势，作品便会被停播或下架，造成投资方、平台方的巨大损失。

现象三：有些组织或个人为了商业利益，通过种种手段来操纵微博粉丝量、豆瓣评分等，不仅扰乱了行业的既有标准和秩序，也拉低了这些平台的客观公正性。

现象四：个别在行业领域具有一定影响力的公众号等自媒体，经常受幕后利益集团操控，进行故意抹黑作品或演员的行为，坐等制片机构或艺人经纪公司上门交“保护费”后，再进行删帖等。

现象五：有些作品在送审过程中，一旦遇到举报或出现负面舆情等情况，便常常只能被无限期搁置，制片方因此而陷入“进退两难”的尴尬境地。

事后，这些现象由于点得比较准确，不但受到了管理部门的高度重视，也在业界产生了不小的反响。深入调查研究，可以说是发现问题的必经之路，也是解决问题的必要手段。

此后，我又参与组织了另一次关于行业发展生态的调研活动，具体负责了调研的筹划、实施以及总报告的撰写。此次调研过程中，着重调查分析了业内相关播出平台、评价机构、行业自媒体等背后的“算法”问题，在深入分析、思考其合理性与现存弊端的基础上，与团队成员一道提出了关于矫正和改进算法，建设更加科学的作品网络评价体系的相关建议，同样得到了相关管理部门的重视。

著名社会学家费孝通先生曾在一次学术讲话中提到过自己为什么要强调社会调查，他认为社会调查是一种科学的理解社会的必要途径。他说，传统意义上对于社会的认识，主要来自书本与经典，所谓“秀才不出门，能知天下事”。而这一认识的哲学预设有两点：一是过去的书本里已经包含了世上所有的知识，二是过去的书中已经包含了世界上所有问题的解决方法。很显然，对于现代社会而言绝非如此，书中绝不可能包含世上所有的知识，更不可能包含所有解决问题的方法，因此实地调研变得重要。费孝通坚信，只有深入实地，去看到社会的状况，才有可能寻找到认识社会与改造社会的方法。费孝通先生的观点，给我们今天的视听研究带来重要启示。在我们的研究中，已有文献中的内容固然不能忽视，但绝不能让其束缚住了我们的双腿和双眼，提议我们再一次共同默诵那句话——没有调查，就没有发言权。

后 记

这本小册子作为对于研究的"研究"，由于较少有人涉猎，难免存在很多粗糙和浅薄之处，望大家见谅。我在写作过程中，也遇到了不少困惑与难题，不得不求助于一些各有所长的学界好友。因而，要对安徽师范大学秦枫教授、西南交通大学蒋宁平教授、昆明理工大学巴胜超教授、中国科学技术大学黄雯副教授、东北师范大学霍美辰副教授以及北京师范大学博士后朱斌、西南政法大学博士生李慧敏，表示衷心感谢！

需要说明的是，为了更方便地阐述观点，并让读者有更加直观真切的感受，书中用到了较大篇幅的真实案例。这些案例基本来自《中国电视》杂志近年发表的文章，具体是（按照书中的引用顺序排列）：

《表征辨析与价值反思：播音主持艺术新现象透视》（王秋硕，《中国电视》2022 年第 1 期）

《农村题材电视剧“群众”形象的塑造与“农民”主体性建构》（陈友军，《中国电视》2022 年第 8 期）

《粉丝文化与网络 IP 改编剧：基于社会实践理论的思考》（黄雯、朱子月，《中国电视》2022 年第 1 期）

《动画纪录片：一种值得关注的纪录片类型》（李三强，《中国电视》2009 年第 7 期）

《动画可以成为纪录片吗？》（聂欣如，《中国电视》2010 年第 2 期）

《美食类纪录片：“厚古薄今”之弊及对策探析》（陈沐，《中国电视》2021 年第 11 期）

《解析网络综艺节目中的“网感”》（吴位娜，《中国电视》2016 年第 11 期）

《全媒体时代电视医疗健康节目的类型研究》（朱

星辰,《中国电视》2017年第11期)

《电视剧多时空交叉叙事结构研究》(高路、徐雪莱,《中国电视》2022年第8期)

《全媒体传播环境下的电视剧创作及其转型》(张允、董兵,《中国电视》2019年第9期)

《跨界联动与形态融合:全媒体时代综艺节目的创新发展路径》(文卫华等,《中国电视》2021年第9期)

《媒介融合背景下纪录片的跨界研究》(刘兰,《中国电视》2022年第10期)

《近年来媒介融合环境对电视剧网络剧制播营销的影响与反思》(戴清,《中国电视》2017年第5期)

《流媒体视听技术语境下的"观看"变革》(何天平、曾林浩,《中国电视》2022年第8期)

《理念、实践及其文化反思:技术驱动下的剧集生产创新》(何天平、张榆泽,《中国电视》2021年第3期)

《融媒体语境下文化类节目同质化困局再现与突

围》（李文冰、包仁泽，《中国电视》2022年第8期）

《关于电视剧独特性的思考》（唐晓睿，《中国电视》2015年第6期）

《素材的要义——也谈"动画纪录片"的合法性》（余权、刘敬，《中国电视》2013年第5期）

《次要人物形象的美学价值——兼谈主次共生辩证法》（王一川，《中国电视》2021年第2期）

《粉丝文化与网络IP改编剧：基于社会实践理论的思考》（黄雯、朱子月，《中国电视》2022年第1期）

《浅论收视率在我国电视剧评价体系中的作用》（黄雯、严琦，《中国电视》2018年第12期）

《基于用户评论的移动短视频内容生产与优化策略》（秦枫、周昱瑾，《中国电视》2022年第6期）

《文化类电视节目传播效果及提升路径研究——基于〈经典咏流传〉微博数据的NVivo分析》（秦枫、闫路瑶，《中国电视》2019年第10期）

《从受众心理诉求角度谈央视春晚的困境与出路》（余艳青，《中国电视》2015年第4期）

《伦理关系重建中新时代“幸福观”的形塑——电视剧〈遇见幸福〉的文化价值与艺术特色》（霍美辰，《中国电视》2019 年第 12 期）

《〈大考〉：时代记忆与青春征程的交相辉映》（霍美辰、周峰，《中国电视》2022 年第 12 期）

《时代变革与平民生活史的当代图鉴——电视剧〈人世间〉的艺术创新探究》（霍美辰、张兴宇，《中国电视》2022 年第 4 期）

《论文化类电视节目中价值认同的话语生成机制》（夏锋，《中国电视》2020 年第 11 期）

《从“破圈”到“常青”：电视艺术可持续发展的突围与壁垒》（孔令顺、彭婷婷，《中国电视》2022 年第 7 期）

《我国体育题材电视剧的缺陷及进路探析》（庹继光，《中国电视》2016 年第 5 期）

《媒介技术视角下的互动剧特征研究》（贺艳，《中国电视》2019 年第 8 期）

《镜像修辞、符码重构与情绪共享：从反应视频

看剧集传播的互动创新》（张欣、谢安琪，《中国电视》2023年第3期）

《电视剧价值取向的生成机制——从隐含作者、旁白叙述者和人物谈起》（肖帅，《中国电视》2016年第7期）

《新时代重大主题电视剧的生产与传播创新》（张斌、秦钰玺，《中国电视》2022年第4期）

《我国电视剧研究的新时代图景——基于2012—2021年CSSCI文献的计量与可视化》（杨阳、谢逸琪，《中国电视》2022年第11期）

《探案与探暗：〈白夜追凶〉的镜像叙事》（付晓红，《中国电视》2018年第2期）

从某种角度而言，这本小册子是我和这些优秀的研究者共同完成的。在这里，对诸位表示真诚的谢意！

闫伟

2023年3月于北京